쉽다 드레싱

맛있다
샐러드

예쁘다 토핑

쉽다 드레싱

맛있다 샐러드

예쁘다 토핑

— 김상영 지음 —

샐러드salad는 라틴어 소금을 뜻하는 'sal'에서 유래된 단어랍니다. 그리스 로마 시대로 거슬러 올라가는데, 고기를 즐겨 먹던 서양 사람들이 생채소에 소금을 뿌려 먹는 습관에서 샐러드가 유래되었다고 합니다. 실제로 마늘, 파슬리, 셀러리, 크레송 등의 약초와 같은 채소에 소금을 뿌려 먹었는데, 이러한 생채소는 고기 위주의 식사를 하면서 생기기 쉬운 소화불량을 해소하고 입맛도 개운하게 해 주는 효과가 있었다고 합니다.

세월이 흐르면서 올리브유도 뿌리고 다른 향신료도 더하면서 지금의 샐러드 드레싱으로 발전하게 되었지요.

우리나라는 조선 말 고종 때 서양 문물과 함께 양식이 전해졌습니다. 고종 황제는 양식을 좋아해서 연회 때마다 프랑스산 도자기에 양식을 담아 즐겼다고 합니다. 처음에는 샐러드가 양식의 곁들이 메뉴로 인식되었지만, 점차 메인 메뉴로 대접받게 되었지요. 아마도 건강, 웰빙, 다이어트, 채식, 브런치…… 이런 단어들이 익숙해지면서부터가 아닌가 싶습니다.

인물 사진 ― 하지영

prologue

가장 **맛있는**,
하지만 **쉽고**,
그래도 **폼 나는** 샐러드를 위해…

샐러드는 참 아름다운 요리입니다. 채소 하나하나의 맛과 곁들이는 재료에 따라, 드레싱에 따라 팔색조처럼 자유자재로 변신하는 요리입니다.

사실 그동안 샐러드 책을 내자는 제의도 꽤 많이 받았지만, 늘 피하고 싶었습니다. 푸드스타일리스트라는 직업을 갖고 있다 보니 샐러드를 예쁘게 담을 것이라는 기대를 하고 있는데, 샐러드가 생각보다 예쁘게 담기가 참 어렵기 때문이지요. 또 하나, 내가 만드는 샐러드가 예쁘기만 한 요리로 잘못 받아들여지면 어쩌나 하는, 맛에 대한 신뢰가 없으면 어쩌나 하는 고민이 있었습니다. 하지만 언젠가 한번 내고 싶다는 생각이 있었기에 잘 정리해서 맛있게 만들어보자는 취지로 〈맛있다 샐러드〉를 내게 되었습니다. 그동안 고이고이 모아왔던 레시피들, 제가 집에서 즐겨 해 먹고 또 맛있다고 칭찬을 받은 샐러드만 엄선해 모았습니다.

무엇보다 정확한 레시피를 위해 샐러드를 하나 만들 때마다 모든 재료를 다시 계량하고 맛을 보며 레시피를 수정하는 작업을 거쳤습니다.

그러다 보니 레시피마다 양파 한 개의 무게가 조금씩 다르고, 양상추의 무게가 다릅니다. 모든 양파와 양상추의 무게가 같지 않다 보니 잴 때마다, 사용하는 것마다 다른 것은 당연하지요. 가장 정확한 것은 저울에 단 무게입니다. 그리고 저울을 사용하지 않는 분들을 위해 어림치의 분량을 추가로 넣었습니다.

샐러드는 드레싱이 참 중요하다고들 하는데, 드레싱의 맛도 중요하지만, 버무려서 나갈지, 뿌려서 나갈지, 따로 내야 할지도 참 중요해요. 그래서 만드는 방법에 최대한 그런 설명을 넣으려고 노력했습니다.

또 늘 레시피를 쓸 때 습관적으로 쓰는 '소금 약간' 이라는 표현을 자제하고, 드레싱에 들어가는 소금의 양을 알려드리려고 노력했습니다. 제가 사용하는 소금과 여러분이 사용하는 소금은 짠맛의 정도가 다르고, 각자 맛있게 느끼는 간도 다르기 때문에 간혹 입맛에 안 맞으시는 분들은 조금씩 가감하여 본인의 입맛에 맞는 샐러드를 만들었으면 합니다.

샐러드는 공기와 함께 가볍게 버무린다는 느낌으로 재료들을 섞어 가볍게 훅 담는 것이 가장 맛있어 보이는 비결입니다. 그래야 맛도 가장 좋다는 걸 명심하시기 바랍니다.

샐러드는 어렵다는 선입견을 버리고, 여러 가지 재료들을 어우러지게 버무려 다양하고 재미있는 샐러드를 만들기를 바랍니다.

연희동 쿠킹 스튜디오 **noda+**에서 김상영

004   prologue

샐러드 베이직

- **012**   샐러드의 맛을 고르다, 인기 잎채소
- **016**   샐러드에 품위를 더하다, 토핑
- **026**   샐러드가 편리해지다, 조리도구

PRE-PART. 샐러드 드레싱

- **031**   드레싱의 기본 재료
- **036**   오일과 식초
- **038**   오일&식초 베이스 드레싱
- **040**   과일 베이스 드레싱
- **042**   채소 베이스 드레싱
- **044**   마요네즈 베이스 드레싱
- **046**   장 베이스 드레싱
- **048**   요구르트&치즈 베이스 드레싱
- **049**   드레싱, 취향대로 만들어라

PART ONE. 그린 샐러드

- **052**   Green Salad Basics
- **056**   구운 마늘을 뿌린 그린샐러드
- **058**   시저샐러드
- **060**   토마토 안초비 드레싱 로메인샐러드
- **064**   참깨 드레싱 양배추샐러드
- **066**   쑥갓을 더한 미니 양배추샐러드
- **068**   적양배추 온 샐러드
- **070**   콜리플라워 브로콜리샐러드
- **072**   바질 드레싱 루콜라샐러드
- **074**   시금치샐러드
- **076**   홀렌다이즈 드레싱 수란샐러드
- **078**   부추 달래샐러드
- **080**   새순 배추샐러드

PART TWO. 채소 샐러드

- **084** Vegetable Salad Basics
- **090** 이탈리안 믹스 샐러드
- **092** 온 채소 간단 샐러드
- **094** 토마토 카프레제
- **096** B.L.T. 샐러드
- **098** 찹 샐러드
- **100** 시저 드레싱 감자샐러드
- **102** 석류 드레싱 모둠 콩샐러드
- **104** 비트 온 샐러드
- **106** 구운 잣을 싸 먹는 가지샐러드
- **110** 양파 토마토샐러드
- **112** 구운 파프리카 버섯샐러드
- **114** 구운 치즈를 곁들인 가지샐러드
- **116** 당근샐러드
- **118** 간장 드레싱 뿌리채소샐러드
- **120** 김에 싸 먹는 버섯샐러드

PART THREE. 과일 샐러드

- **124** Fruit Salad Basics
- **128** 딸기샐러드
- **130** 스위티 자몽샐러드
- **134** 치즈를 얹은 사과샐러드
- **135** 베리베리샐러드
- **138** 월도프샐러드
- **140** 쌈 채소 아보카도샐러드
- **142** 엔다이브 오렌지샐러드
- **144** 믹스 과일샐러드
- **146** 토르티야에 싸 먹는 살사 과카몰레
- **148** 단감 사과샐러드
- **150** 멜론 수박샐러드
- **152** 관자구이 오렌지샐러드
- **154** 유자청 과일채샐러드

PART FOUR. 해물 샐러드

158	Seafood Salad Basics
162	케이퍼에 재운 연어샐러드
164	브로콜리 새우샐러드
166	아스파라거스 관자냉채샐러드
168	새우 문어샐러드
170	광어 카르파초
172	참나물을 올린 마 참치샐러드
174	굴찜샐러드
176	오징어튀김샐러드
178	태국식 스파이시 새우 온 샐러드
180	파프리카 게살샐러드
182	쑥갓과 미나리를 올린 낙지샐러드
184	돌나물 갑오징어샐러드
186	북어채 골뱅이샐러드
188	해파리냉채샐러드

PART FIVE. 고기 샐러드

192	Meat Salad Basics
196	케이준 치킨샐러드
198	온 채소 닭가슴살샐러드
200	에스닉 닭안심샐러드
202	닭고기냉채샐러드
204	순두부 닭고기샐러드
206	루콜라를 곁들인 채끝등심샐러드
208	파슬리 드레싱 안심스테이크샐러드
210	루콜라를 올린 차돌박이샐러드
212	풋마늘대와 볶은 차돌박이샐러드
214	육회샐러드
216	쌈 채소 아롱사태냉채샐러드
218	유채나물 돼지등심스테이크샐러드
220	중국풍 수육샐러드
222	양파 생햄샐러드
223	무쌈 오리고기샐러드

PART SIX. 면 샐러드

- 226 Noodle Salad Basics
- 228 베이컨 파스타샐러드
- 230 과일 드레싱 푸실리샐러드
- 232 마카로니 코울슬로
- 234 얌운센 스타일의 녹두당면샐러드
- 236 해초 녹두당면샐러드
- 238 배추를 넣은 쌀국수샐러드
- 240 일본풍 메밀국수샐러드
- 242 쟁반국수샐러드
- 246 잡채

SPECIAL SALAD. 나물은 샐러드다

- 250 요구르트 오이샐러드
- 252 잣 드레싱 더덕샐러드
- 255 유자청 봄동샐러드
- 256 매실청 영양부추샐러드
- 259 멸치액젓 쌈 채소샐러드
- 260 파 새싹샐러드
- 262 무채샐러드를 올린 두부구이
- 264 연두부에 올린 마늘종장아찌 달래샐러드
- 266 도토리묵을 곁들인 참나물샐러드
- 268 연어 숙주샐러드
- 270 조갯살 냉이샐러드
- 272 초고추장 청경채샐러드
- 274 된장 드레싱 아삭이고추샐러드
- 276 멸치를 넣은 쪽파샐러드
- 278 도라지 오이샐러드

282 index

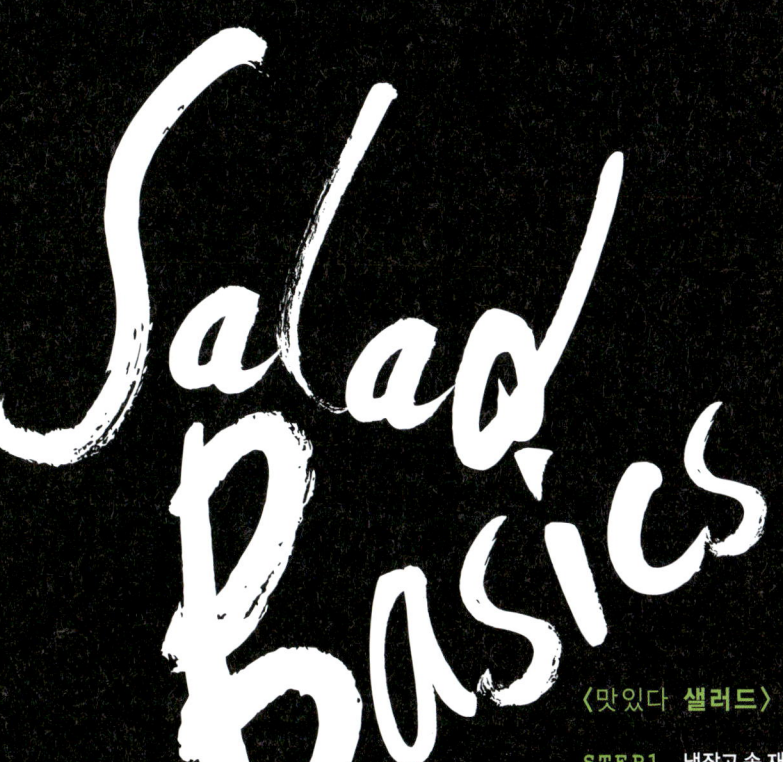

Salad Basics

〈맛있다 샐러드〉 200% 활용, 사용설명서

STEP 1. 냉장고 속 재료를 확인한다
우리 집 냉장고에 어떤 재료가 있는지 확인하는 것이 우선.
그 재료들을 바탕으로 메뉴를 정하면 효율적이다.

STEP 2. 메뉴를 정한다
주재료를 가지고 만들 수 있는 메뉴를 정한다.
채소, 과일, 해물, 고기, 면….
이마저도 없다면 채소 샐러드도 있고, 그린 샐러드도 있다.
때론 냉장고 속 재료를 무시하고 새로운 메뉴를 정해도 좋다.

STEP 3. 샐러드 채소를 정한다
메뉴에 어울리는 채소와 부재료를 정한다.
로메인 상추 대신 양상추를 넣어도 좋고 비타민이 좋다면 추가로 넣어도 좋다.
기호에 맞게 선택하자.

STEP 4. 어울리는 드레싱을 고른다
하나의 샐러드에 어울리는 드레싱은 여러 가지다.
PRE-PART 〈샐러드 드레싱〉을 보면서 원하는 맛의 드레싱을 선택한다.

STEP 5. 좋아하는 토핑을 고른다
샐러드에 뿌려줄 토핑을 골라보자.
고소한 맛이 좋다면 구운 마늘이나 구운 호두 토핑,
냉장고에 식빵이 있다면 크루통 토핑, 치즈밖에 없다면 치즈 토핑….

STEP 6. 먹기 직전, 샐러드를 만든다
• 드레싱을 만들어 냉장고에 차게 넣어둔다.
• 고기나 해물 등 밑간이 필요한 재료는 밑간한다.
• 샐러드 채소를 손질한다. 생으로 먹을 것은 찬물에 담그고, 데칠 것은 데친다.
• 주재료를 요리한다. 재료를 썰고, 찔 것은 찌고, 구울 것은 굽는다.
• 채소는 물기를 빼어 주재료와 가볍게 섞는다.
• 드레싱을 넣고 버무려 그릇에 담는다. 드레싱은 뿌려 내거나 곁들여도 된다.
• 토핑을 뿌린 뒤 바로 상에 낸다.

이 책에서는
• 계량 기준은 1컵=200㎖, 1큰술=15㎖, 1작은술=5㎖입니다.
• 샐러드 레시피는 모두 4인분 분량입니다.

샐러드의 맛.을. 고.르.다.
인기 잎채소

샐러드가 어렵게 생각되는 이유는 낯선 채소와 재료 때문이다. 하지만 의외로 낯익은 채소들이 많다. 우리가 흔히 쌈 채소로 즐겨 먹던 채소들은-치커리, 적로메인, 적치콘, 라디치오, 비트잎 등- 외국에서 씨앗을 들여와 국내에서 재배하는 것들인데, 앞으로 점점 더 많이 보게 될 테니 이참에 이름을 외워두자.
낯설지만 자주 보고 이름을 불러주어 친해지면 양상추처럼 루콜라도 친근하게 다가온다. 그리고 채소 하나하나 이름을 불러가며 맛을 보고 향을 맡다 보면 어느새 샐러드도 쉬워진다.
샐러드에 가장 많이 이용되는 채소들만 모았다. 채소의 맛과 특징을 알아두었다가 샐러드를 준비할 때 좋아하는 채소를 골라보자.

Leaves

양상추
샐러드에 가장 많이 쓰이는 채소로 아삭하게 씹히는 맛과 청량감이 특징이다. 묵직하고 잎이 단단해서 속이 꽉 찬 것이 연하고 더 달다. 잎을 하나씩 떼어 찬물이나 얼음물에 담가두면 더 아삭해진다.

로메인 상추
'로마인의 상추' 라는 뜻으로 로마인이 즐겨 먹었다고 해서 붙여진 이름이다. 겉잎은 약간 쌉쌀한 맛이 나며 안쪽의 잎들이 더 달고 향긋하다. 조리하면 아스파라거스 맛이 약간 나기도 한다. 무엇보다 아삭아삭하게 씹히는 질감이 좋아 양상추만큼이나 샐러드에 많이 이용된다.

적로메인 상추
짙은 적색을 띠고 있으며, 특히 수분이 충분하다. 줄기는 아삭하면서 잎은 부드러운, 상반된 느낌을 동시에 준다. 미네랄과 비타민이 풍부해 피부를 촉촉하게 만들어준다.

루콜라
어린 열무처럼 생겼는데, 맛이 고소하고 쌉싸래하며 머스터드와 같은 톡 쏘는 매운맛이 약간 난다. 햄, 치즈, 요구르트 등과 같이 곁들이면 매운 향이 줄면서 풍미가 더해진다.

라디치오
라디치오는 레드 치커리가 자라 포기를 맺은 것이다. 쓴맛과 단맛을 모두 지닌 채소로 이탈리안 치커리라고도 불린다. 라디치오는 잎이 약간 도톰한데 하나씩 떼어 먹기 좋게 뜯거나 채썰어 사용해도 좋다. 또는 반으로 툭 잘라 그릴에 통째로 구워 온 샐러드로 즐겨도 맛있다.

레드 치커리
쌉쌀하면서 단맛이 감도는 레드 치커리는 잎이 둥글고 백색의 잎 줄기와 적당한 녹색 잎이 조화를 이루고 있는 훌륭한 샐러드 재료. 쌈 채소로 사용하기에도 좋다. 라디치오가 포기로 자라기 전에 잎을 하나씩 떼어 수확한 것이 레드 치커리이다.

엔다이브
배추속대처럼 생긴 엔다이브는 벨기에나 이탈리아, 프랑스 등 유럽에서 즐겨 먹는 고급 채소로 쌉쌀하고 아삭한 맛이 나며, 한 장씩 떼어내 카나페로 만들어도 근사하다. 버터를 이용한 요리에도 어울리고 쌈으로 먹어도 좋다. 살짝 데쳐서 나물처럼 무쳐 먹어도 된다.

치커리
쌈 채소로도 즐겨 먹는 치커리는 독특한 맛과 향이 있다. 잎채소들 중 수분이 적고, 쓴맛이 살짝 감돈다. 쌉싸름한 맛이 오히려 입맛을 돋우는 역할을 하여 샐러드 재료로 인기가 있다.

적치콘
치커리의 한 종류로 이탈리아 트레비소 지방에서 많이 생산되어 '트레비소'라고도 불린다. 은은한 쓴맛과 아삭아삭하게 씹히는 맛이 좋다. 특히 입맛을 돋우는 기분 좋은 쓴맛이 나 쌈 채소로도 많이 활용된다. 소화를 촉진하고 혈관을 튼튼하게 하며 당뇨에 좋다고 알려져 있다.

적잎치커리
장미처럼 붉다는 뜻의 '로사 이탈리아나'라는 긴 이름을 가진 적잎치커리는 적치커리라고 줄여서 부르기도 하며, 민들레 잎처럼 생겼다. 치커리의 한 종류로 쌉쌀한 맛이 나서 쌈 채소로 즐겨 먹으며, 고기 요리에 특히 잘 어울린다.

오크리프(오크립)
아삭거리며 단맛이 충분히 나고 잎줄기가 도톰하고 즙이 많다. 샐러드나 쌈 채소로 주로 이용되는데, 다양한 재료와 섞여도 무난한 맛이 나 믹스 샐러드에 사용하기에 적당하다. 특히 고기 샐러드와 잘 어울린다.

미니 양배추
메추리알만 한 크기의 미니 양배추는 일반 양배추에서 먹기 힘든 두꺼운 줄기 부분과 밑동을 모두 섭취할 수 있다. 맛과 영양은 양배추와 비슷하다. 살짝 데치면 단맛이 더 좋아지고 부드럽다.

양배추
〈타임〉지가 선정한 세계 10대 건강식품인 슈퍼 푸드에 이름을 올릴 만큼 우리 몸에 이로운 채소. 녹색 잎 부분이 확실하고 광택이 돌며 손으로 들어보아 크기에 비해 묵직한 것이 좋은 양배추이다.

적양배추
양배추와 같지만, 적색과 보라색을 내는 안토시아닌 성분이 많아 시력을 좋게 해준다. 일반 양배추보다 물기가 적고 약간 쫄깃하기 때문에 다소 뻣뻣하게 느껴질 수 있지만, 여러 가지 채소와 믹스하면 좋은 샐러드 재료가 된다.

뉴그린
토스카노라고 불리는 뉴그린은 잎을 먹는 브로콜리이다. 보통 브로콜리가 꽃봉오리를 먹는 것이라면, 뉴그린은 잎을 먹는 것이다. 짙은 녹색과 울퉁불퉁한 잎이 신기하게 보이지만, 영양 성분은 보통 채소의 2배로 풍부하다. 토스카노는 약간 억센 듯하지만, 쓴맛과 단맛이 어우러진 채소이며, 녹즙으로도 사용 가능하다.

적근대
줄기가 붉은색을 띠는 적근대는 광택 있는 잎이 특징. 쌈이나 샐러드에 주로 이용하지만, 소금을 넣은 끓는 물에 살짝 데쳐 찬물에 식혔다가 나물, 조림, 국 등에 응용해도 좋다. 피부 미용에 좋고, 특히 지방 축적을 방해하는 다이어트 채소로 알려져 있다.

비트잎
뿌리 부분은 짙은 붉은빛을 띠는 알뿌리 채소가 비트며, 그 위에 난 잎이 비트잎이다. 은은한 단맛이 있고 모양이 예뻐 식욕을 돋우는 샐러드 겸 쌈 채소다. 외국에서는 뿌리를 주로 사용하지만, 우리나라는 잎을 애용한다.

적겨자잎
매운맛이 도는 겨자잎 중에서도 붉은빛을 띠는 적겨자잎. 샐러드나 쌈 채소로 주로 활용되며, 김치를 담글 때 넣기도 하는데 영양 성분은 감소한다.

비타민
다채라고도 불리는 비타민은 맛이 담백하고 떫은맛이 없어 샐러드 재료로 사용하기에 좋다. 날이 추울수록 잎은 단맛이 증가하여 더운 여름철보다 겨울철에 먹으면 더욱 맛있다.

시금치
비타민과 철분 등이 풍부한 시금치는 추운 겨울에 나는 것일수록 달달한 맛이 난다. 우리나라는 나물로 즐기지만, 서양에서는 샐러드로 즐긴다. 줄기보다는 잎사귀에 비타민이 많이 함유되어 있으니 잎만 떼어서 샐러드에 사용해보자.

브로콜리
브로콜리는 씹히는 맛이 좋은 채소 중 하나. 겉을 살짝 눌러보아 단단하고 알갱이들이 잘 뭉쳐져 있는 것이 좋다. 작은 알갱이들은 브로콜리의 꽃이다. 끓는 물에 너무 오래 데치지 말고 1분 정도만 데쳐 씹는 질감을 최대한 살린다.

콜리플라워
콜리플라워는 브로콜리와 비슷하게 생겼지만 맛은 사뭇 다르다. 물에 익혀 먹는 것보다는 생으로 먹는 것이 더 달고 아삭하게 씹는 느낌도 좋다.

아스파라거스
아스파라거스는 줄기가 싱싱한 식물로 봄에 가장 맛있다. 생으로 먹어도 단맛이 우러나고 살짝 데치거나 볶으면 아삭아삭하면서도 부드러워 맛이 더욱 풍부해진다.

청경채
샤브샤브나 중국 요리에 자주 등장하는 청경채는 연하고 부드러운 맛의 채소다. 살짝 데치거나 볶는 샐러드에 주로 이용하는데, 생으로 쌈 채소로나 샐러드를 해도 맛있다. 특별한 향이 없고, 맛도 강하지 않기 때문에 강한 맛의 드레싱이 들어가는 샐러드에 잘 어울린다.

샐러드에 품.위.를. 더.하.다.
토핑

토핑은 'thing on top'이라고 해서 '표면의 장식'이라는 의미를 갖고 있다. 가니시(garnish)라고도 부르며, 우리말로는 고명이다. 샐러드의 토핑은 눈요기만을 위한 것이 아니다. 샐러드의 어딘가 부족한 맛을 보충하기도 하고, 진한 맛을 중화하기도 하며, 때론 좀 더 먹음직스런 향을 더하거나 먹음직스런 색감을 내는 역할도 한다.
구운 빵은 고소한 향과 맛을 더하는 토핑이고, 치즈는 짭조름한 고소함을 더해준다. 허브는 향을 더하며, 안초비는 짭조름한 감칠맛을 낸다. 이렇게 다양한 맛과 향을 더할 수 있기 때문에, 토핑은 부가적인 재료이지만 때로는 주재료 못지않은 역할을 한다. 그래서 토핑은 샐러드에 품위를 더하는 마지막 과정이라 할 수 있다.
토핑에는 정해진 법칙이 없다. 집에 있는 재료를 활용해 개성 있게 맛과 향을 더한다면 특별한 샐러드를 만들 수 있다.

향신채

마늘, 마른 고추, 후추 등의 향신채는 은은한 향과 매운맛을 더하는 토핑이다. 마늘은 과일을 제외한 어떤 샐러드에도 잘 어울리며, 마늘을 구운 오일을 사용하면 마늘 향이 나는 드레싱을 만들 수 있다. 마른 고추는 보통 동남아식 샐러드에 어울린다. 후추는 통후추를 갈아서 직접 써야 향이 좋으며, 고기나 해물, 누들 등 거의 모든 샐러드에 두루 어울린다.

튀긴 양파

☐ 양파 1개
☐ 밀가루 또는 녹말가루 적당량
☐ 튀김 기름 적당량

양파를 잘게 썰어 키친타월에 싸서 물기를 제거한 뒤, 밀가루나 녹말을 묻혀 여분의 가루를 털어내고, 기름에 튀겨 사용한다. 시판용 튀긴 양파를 사용하면 간편하다. 달콤하고 바삭거리는 맛이 좋아 그린샐러드는 물론 채소, 과일, 누들 샐러드 등에 두루 사용할 수 있다.

구운 마늘

구운 마늘은 달면서도 고소한 맛과 특유의 향이 있어 채소 샐러드는 물론 해물이나 고기 샐러드에도 잘 어울린다.

☐ 마늘 5쪽
☐ 올리브유 3큰술

1. 마늘은 얇게 저민다.
2. 팬에 올리브유를 두르고 마늘을 넣어 연한 갈색이 될 때까지 타지 않도록 굽는다.
3. 가볍게 저어가며 1~2분간 구워 갈색이 고르게 나면 불에서 내린다.
4. 볼에 체를 올리고 구운 마늘을 부어 올리브유를 따로 받는다. 마늘은 키친타월에 올려 기름을 충분히 뺀다.

마른 태국고추

매운맛이 강하게 나므로 조금만 뿌린다. 그대로 잘게 다져 쓰거나 마늘처럼 기름에 볶아 쓴다.

후추

통후추를 직접 갈아서 샐러드 위에 뿌리는데, 후추는 드레싱에 직접 넣기도 하고 재료를 밑간하거나 구울 때 넣기도 한다. 하지만 강한 후추 향을 내려면 요리 후에 샐러드 맨 위에 살짝 뿌린다. 고기 샐러드에 특히 잘 어울린다.

salad basics 017

치즈

때론 쫄깃하고 쿰쿰하며 짭조름한 치즈. 특유의 향과 고소한 맛으로 샐러드의 주재료로 쓰이지만, 사용 방법에 따라서는 토핑이 되기도 한다. 파르메산 치즈와 같이 딱딱한 치즈부터 말랑말랑하면서 쫄깃한 보코치니와 할루미 치즈까지. 기호에 맞게 요리에 어울리는 치즈를 선택하면 된다. 치즈는 샐러드에 가볍게 뿌려주는데, 하얀 가루가 샐러드 채소와 대비를 이루어 먹음직스럽게 하는 효과가 있다. 치즈의 부드러운 맛이 더해져 샐러드의 풍미도 좋아진다.

페타 치즈
페타 치즈는 그리스를 비롯한 인근 지역에서 양과 염소의 젖을 이용해 만들어 먹던 치즈로 세계에서 가장 오래된 치즈 중 하나다. 입에 들어가면 부드럽게 녹는 느낌이 좋으며 손으로 부수거나 깍둑 썰어 샐러드에 바로 넣는다.

할루미 치즈
구워 먹는 치즈로 알려진 할루미는 쫄깃한 느낌이 좋다. 얇게 썰어 구운 다음 샐러드에 그대로 올리면 치즈가루를 뿌리는 것과는 또 다른 풍미를 즐길 수 있다.

보코치니 치즈
쫄깃한 느낌이 좋은 보코치니 치즈. 토마토 등을 넣은 신선한 채소·과일 샐러드에 어울리며, 토핑보다는 부재료의 느낌이 강하다.

블루 치즈 & 고르곤졸라 치즈
지독한 치즈 냄새와 짠맛이 특징이라서 처음에는 낯설 수밖에 없지만, 특유의 쿰쿰한 냄새와 맛이 사과 등의 신선한 재료와 묘하게 잘 어울린다. 필러로 긁거나 칼로 굵게 썰어 사용한다.

모차렐라 치즈
카프레제 샐러드의 주재료인 프레시 모차렐라 치즈. 작은 주사위 모양으로 썰어 신선한 그린 샐러드나 열매와 뿌리 채소 샐러드에 올려도 잘 어울린다.

파르메산 치즈
가장 많이 사용하는 치즈로, 치즈 강판에 갈아 샐러드에 그대로 뿌려준다. 고소한 맛과 부드럽게 씹히는 맛을 더해준다.

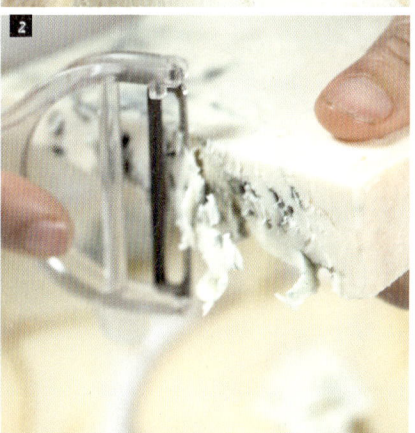

치즈를 토핑으로 사용할 때

1. **치즈강판**을 이용해 가루를 내어 뿌린다.
2. **필러**를 이용해 얇게 저며 샐러드에 올린다.
3. **칼**로 썰어 굵게 다지거나 얇게 썰어 올린다.

크루통

빵을 작은 주사위 모양으로 썰어 올리브유를 뿌려 구운 것으로, 고소한 향기와 맛 때문에 샐러드 토핑으로 가장 많이 쓰인다. 조금 딱딱한 듯하지만 고소하고 담백해서 잎채소를 넣은 샐러드에 어울린다. 식빵이든 호밀빵이든 어느 것을 써도 되지만, 크지 않게 썰어 갈색이 돌 때까지 굽는 게 포인트다. 주사위 모양으로 자른 빵에 오일을 뿌려 오븐에 갈색이 돌게 굽거나 빵에 버터나 오일을 약간 섞어 토스터에 넣고 구워 적당한 크기로 자르면 된다. 빵을 구울 때 마늘과 후추, 레몬 제스트를 더하면 크루통이 더 맛있고 향도 좋다.

☐ 호밀 식빵 2장(100g)
☐ 레몬 껍질 1개 분량
☐ 마늘 1쪽
☐ 올리브유 2큰술
☐ 소금·후춧가루 약간씩

1. 호밀 식빵은 사방 1cm 크기로 썬다.
2. 레몬 껍질은 강판에 간다.
3. 마늘은 칼로 누른 뒤 잘게 다진다.
4. 팬에 올리브유를 두르고 충분히 달궈지면 호밀 식빵을 넣는다.
5. 불을 약하게 줄이고 호밀 식빵이 갈색이 나도록 3분 정도 볶는다.
6. 여기에 다진 마늘, 레몬 껍질을 섞는다.
7. 소금, 후춧가루를 뿌려 고루 섞으며 1분간 볶는다.
8. 크루통을 키친타월에 펼쳐놓고 식힌다.

허브

허브는 기분 좋은 강한 향 때문에 조금씩만 사용하는 것이 좋은데, 다질수록 향이 강해진다. 마지막에 허브잎을 약간 올리면 샐러드에 은은한 향이 배고 싱그러워 보이는 효과가 있다. 프레시 허브를 쓰면 향이 더 좋지만, 없을 때는 드라이 허브를 사용한다.

레몬밤
달콤하고 상큼한 레몬향이 나는 허브로 멜리사라고도 불린다. 레몬처럼 신맛은 없고 부드러운 레몬향이 좋아 과일이나 여름 음료에 잘 어울린다.

로즈메리
빵을 구울 때는 물론 생선과 고기 요리에 많이 쓰이는 기분 좋은 향의 허브.

이탈리안 파슬리
플랫 파슬리라고도 하는데, 곱슬거리는 파슬리와 달리 잎이 납작하게 펼쳐져 있다. 곱슬거리는 파슬리보다 쓴맛이 적고 향이 부드러워 샐러드, 파스타, 피자, 드레싱에 사용하면 좋다.

세이지
톡 쏘는 향과 자극적인 맛이 난다. 말린 다음 튀겨서 요리에 뿌리거나 소금에 섞어 시즈닝으로 활용한다. 생선 요리와 잘 어울린다.

딜
딜의 잎에는 정유가 함유되어 있는데 비린내를 제거하는 효과가 탁월해 생선 요리에 많이 쓴다.

바질
요리에 가장 많이 쓰이는 허브 중 하나. 향이 은은하고 고급스러우며 식욕을 자극한다. 치즈나 과일, 생선, 고기 등 거의 모든 샐러드에 잘 어울린다.

차빌
'미식가의 파슬리'라 불리는 허브로 이탈리안 파슬리와 비슷하지만 향과 맛은 보다 달콤하다. 어린잎은 샐러드나 생선 요리에 잘 어울리며, 향이 쉽게 날아가기 때문에 마지막에 넣어야 한다.

민트
민트류는 시원하고 톡 쏘는 향이 있어 부담 없이 즐기며 과일 샐러드에 특히 잘 어울린다. 페퍼민트는 청량감 있는 개운한 향이 나며, 스피아민트는 서양 박하로 달콤하고 강한 상쾌한 향이 있다. 애플민트는 사과와 박하를 섞은 듯 연한 사과 향이 좋아 샐러드에 많이 쓰인다.

허브 손질

1. 쉽게 시드는 성질이 있으므로, 사용하기 전까지 찬물에 담가두었다가 싱싱해지면 건져 물기를 털고 사용한다.
2. 요리에 따라 곱게 채 썰거나 굵게 다져 사용한다.

허브 찹(chop) 만들기

1. 주로 파슬리와 바질을 사용한다. 파슬리와 바질은 곱게 다진다.
2. 면보에 싸서 물에 헹군 뒤 물기를 꼭 짜서 쓴다. 향을 약하게 즐길 때 찹으로 만들어 쓴다.

견과류

잣, 호두, 아몬드 등의 견과는 고소한 맛과 함께 샐러드에 맛과 영양을 더하는 재료다. 채소·과일·누들 샐러드 등에 두루 어울린다. 기름을 두르지 않은 팬에 굽고, 팬이 달아오르면 약한 불로 서서히 구워 전체적으로 갈색이 돌게 굽는다.

구운 잣
기름을 두르지 않은 팬에 잣을 넣고 중간 불에서 굽는다. 전체적으로 밝은 갈색이 돌면 키친타월에 올려 식힌다.

구운 호두
달군 팬에 호두를 넣고 약한 불에서 전체적으로 갈색이 돌 때까지 굽는다. 모서리가 탄 듯하면 불에서 내려 식힌다.

구운 아몬드
아몬드는 통으로 쓰거나 슬라이스한 것을 쓰는데, 바짝 말려 나온 것은 그대로 써도 된다. 갈색이 날 때까지 구워서 써도 좋다.

대추채
대추의 경우 한식 샐러드에 쓰이는데, 굽지 않고 그대로 쓴다. 껍질과 살을 함께 돌려 깎아 씨를 빼고 곱게 채 썰어 쓴다. 밤도 마찬가지로 채 썰어 쓰면 된다.

구운 베이컨

베이컨은 바삭하게 구우면 특유의 고소한 향과 짭조름한 맛이 한층 강해지고 씹는 질감이 좋은 토핑이다. 채소 샐러드나 그린 샐러드 등 채소만으로 뭔가 부족할 때 넣어주면 진가를 발휘한다.

베이컨을 구울 때는 기름을 두르지 않고, 베이컨이 반 정도로 오그라들어 갈색이 날 때까지 구워 기름을 쪽 빼야 한다. 구운 베이컨은 키친타월에 올려 남은 기름을 뺀다.

올리브

올리브는 시큼하고 짭조름한 맛이 나는데, 다른 샐러드 재료들이 더 신선하게 느껴지도록 한다. 그린 올리브와 블랙 올리브 두 가지가 있는데, 보통 병조림으로 나온다. 소금에 절인 것은 짠맛이 강해 물에 헹구거나 잠시 담가 짠맛을 우려낸 뒤 사용한다. 샐러드에 따라 그대로 얹기도 하고, 반으로 가르거나 잘게 다져 뿌리기도 한다.

안초비

안초비는 짭조름하면서도 감칠맛이 강해 주재료처럼 사용되는 토핑이다. 우리나라의 액젓 맛이 나기에 호불호가 갈리지만, 몇 번 먹다 보면 그 맛에 길들여진다. 샐러드에 따라 그대로 넣거나 잘게 썰어 올리는데, 부담스럽다면 드레싱에 넣어도 좋다.

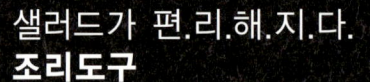

샐러드가 편.리.해.지.다.
조리도구

'주부의 특별한 사치'라면 그릇과 조리도구를 꼽을 수 있을 것이다. 요리를 즐기는 여자들은 그릇 욕심이 많다. 아름다운 그릇을 보면 어떤 요리를 담으면 어울릴지 먼저 생각하게 되고, 그 접시들로 테이블 세팅을 하는 상상을 한다. 그리고 주방에 갖춰진 조리도구들은 자꾸 요리하고 싶은 욕망을 불러일으킨다.
한두 개 갖춰놓으면 훨씬 편리하고 예쁜 샐러드를 만들 수 있는 조리도구들이 있다. 레몬즙을 짜는 스퀴저, 채소의 물기를 빼는 채소탈수기, 드레싱 재료를 한데 담아 섞기 좋은 미니믹서 등 평범하지만 편리한 도구를 소개한다.

1. 미니 거품기
드레싱을 섞고, 달걀 거품을 내고, 밀가루 반죽을 하는 등 여러 가지 재료를 고루 섞을 때는 거품기를 이용한다. 특히 작은 사이즈의 거품기는 드레싱 만들 때 꼭 필요하다. 드레싱은 한쪽 방향으로만 저어야 오일이 분리되지 않는다.

2. 샐러드 스푼과 포크
샐러드는 큰 볼에 듬뿍 담아 덜어 먹는 것이 좋다. 그리고 샐러드를 덜어 먹을 때, 또는 드레싱을 뿌리고 가볍게 섞을 때 유용한 것이 빅 사이즈의 스푼과 포크다. 채소를 상하지 않게 하면서 손을 대지 않고 집을 수 있다.

3. 채소탈수기
샐러드에 가장 많이 쓰이는 조리도구는 단연 채소탈수기다. 물에 씻은 채소를 넣고 휙휙 돌리면 물기가 쏙 빠진다. 없으면 모르지만 한번 써보면 절대 벗어날 수 없는 치명적인 도구이다.

4. 계량스푼 & 계량컵
요리 실력을 늘리고 싶다면 계량스푼과 계량컵을 사용하는 데 익숙해져야 한다. 양념을 넣을 때 기준치가 되어줄 것이다. 1큰술은 15㎖, 1작은술은 5㎖, 1컵은 200㎖임을 기억해두자.

5. 타이머
달걀 하나를 삶아도 반숙과 완숙의 시간이 다르다. 지켜 서서 시계만 바라보고 있을 게 아니라면 타이머를 이용하자. 정해진 시간이 되면 알람이 울리니 얼마나 편리한가. 냄비 태울 일이 줄어들 것이다.

6. 저울
같은 요리를 같은 양념으로 해도 어떤 때는 싱겁고 어떤 때는 짜다면 재료의 양이 일정했는지 점검해야 한다. 양파 1개의 무게는 크기에 따라 모두 다르다. 작은 것, 중간 크기, 큰 것으로 나눠도 좋지만, 저울에 무게를 달아봐서 좀 더 정확한 양을 재면 일정한 맛을 낼 수 있을 것이다.

7. 스퀴저
샐러드 드레싱에 오일과 식초 못지않게 많이 쓰이는 재료가 레몬즙이다. 레몬즙을 간편하게 짤 수 있는 스퀴저. 레몬을 바닥에 놓고 세게 굴려 껍질을 부드럽게 만든 뒤 잘라서 짜면 즙이 잘 나온다.

8. 필러
일명 감자 깎는 칼이다. 오이, 가지, 호박 등을 얇게 저밀 때는 물론 치즈를 얇게 저밀 때도 유용하다.

9. 그릴 팬과 붓
버섯이나 피망, 가지 등의 채소나 고기를 구울 때. 검게 탄 줄무늬가 있으면 훨씬 먹음직스럽다. 그릴 팬에 채소나 고기를 구울 때는 팬을 충분히 달궈 열을 올린 뒤 붓을 이용해 기름을 고루 발라 구워야 달라붙지 않고 예쁜 줄무늬가 생긴다.

10. 과일용 스쿠프
수박이나 멜론을 동그랗게 뜰 때. 꼭 필요한 도구가 스쿠프다. 아이스크림용은 빅 사이즈지만 과일용은 작은 사이즈로 나온다. 화채를 만들 때도 유용하다.

11. 미니 믹서
양파나 마늘, 허브, 안초비 등의 재료를 넣고 갈아서 드레싱을 만들 때 미니 믹서를 사용하면 훨씬 간편하다. 재료를 다지거나 갈아 즙을 낼 때도 사용할 수 있다.

12. 치즈강판
샐러드를 그릇에 담고, 치즈가루를 뿌려주면 훨씬 먹음직스럽다. 이때 덩어리 치즈를 손쉽게 갈아주는 도구가 치즈 전용 강판이다. 치즈강판은 사이즈가 제각각으로, 곱게 갈 수 있는 것부터 굵게 가는 것까지 다양한데, 한 가지만 있어도 유용하다.

13. 채칼과 장갑
양배추를 곱게 채 썰 때, 무나 당근을 곱게 채 썰 때 필요한 것이 채소 채칼이다. 강판에 자칫 손이 베이기 쉬우므로, 반드시 장갑을 끼고 사용해야 한다.

14. 굵은 면실
고기로 찜을 하거나 수육을 할 때, 고기를 묶어주면 모양이 예쁘게 잡힌다. 주방에 고기를 묶을 때 쓸 전용 면실을 갖춰두자.

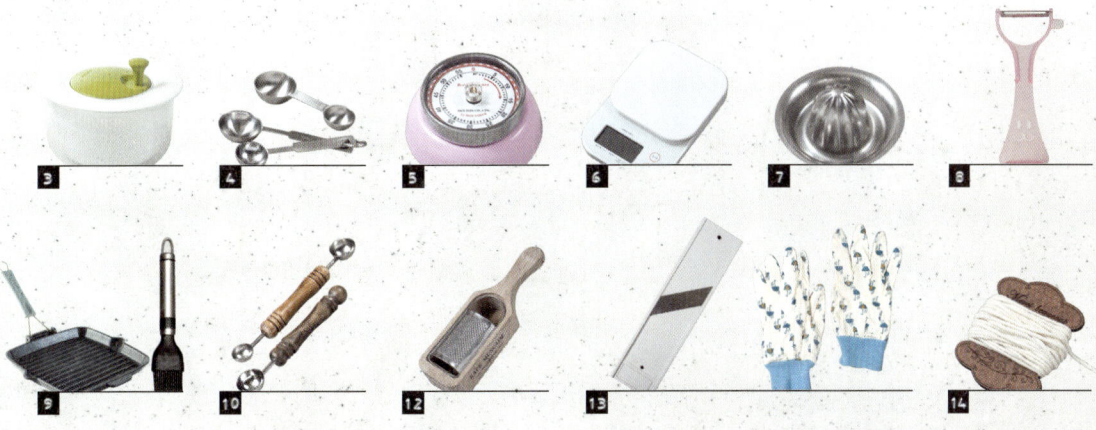

PRE-PART. 샐.러.드. 드.레.싱.

샐러드에 끼얹어 맛을 더하는 드레싱. 드레싱은 'dress'에서 온 단어로, 샐러드 위에 뿌린 소스가 흘러내리는 모습이 마치 드레스를 입은 것과 같다 해서 붙여진 이름이다. 샐러드는 채소가 중심인 요리이다. 신선한 채소에 과일이나 해물, 고기, 누들 등을 더하면 다채로운 샐러드로 즐길 수 있다. 그리고 드레싱은 채소와 다른 재료의 맛이 조화를 이루게 하고, 원재료의 맛을 상승시키며, 부족한 맛을 보충하는 역할을 한다.

드레싱의 기본 재료

[오일]

올리브유

샐러드에 가장 잘 어울리는 올리브유는 엑스트라 버진이다. 올리브 열매에서 처음 짜낸 오일로 풍미가 좋아 샐러드 드레싱에 가장 많이 이용된다. 발연점이 낮아 가열하지 않는 요리에 적합하지만 가볍게 가열하는 파스타나 구이, 볶음에는 사용해도 괜찮다. 발사믹 식초와 섞어 빵을 찍어 먹어도 좋다.

포도씨유

포도 씨를 압착해서 얻은 식물성 기름으로 가볍고 은은한 향과 부드러운 느낌 때문에 샐러드에 많이 이용된다. 높은 온도에서 요리해도 타지 않기 때문에 튀김이나 부침용으로도 많이 쓰인다.

현미유 또는 쌀눈유

현미유와 쌀눈유는 쌀을 도정할 때 나오는 쌀겨에서 추출한 기름이다. 쌀의 고소한 풍미를 느낄 수 있어 한국식 샐러드에 사용하면 잘 어울린다. 발연점이 높아 부침이나 튀김에 다양하게 사용한다.

참기름

우리나라 사람들이 가장 좋아하는 기름으로, 고소한 향과 맛이 뛰어나 한국식 샐러드에 잘 어울린다. 특히 나물을 이용한 샐러드 드레싱에 적합하며, 향이 쉽게 날아가므로 마지막에 넣어야 한다.

들기름

들깨를 볶아 추출하는 들기름은 참기름보다 묵직하고 고소한 맛이 난다. 한국식 샐러드나 묵은 나물을 볶을 때, 나물무침에 잘 어울린다. 최근에는 생들깨에서 추출하는 생들기름이 영양이 보다 풍부하고 건강에 이로워 샐러드유로 인기를 끌고 있다.

카놀라유

유채꽃의 씨앗에서 짜낸 기름인데, 원래 유채꽃씨에는 독성이 있어 독성을 없앤 개량종 '카놀라'가 개발됐다. 카놀라씨에서 기름을 짜낸다 하여 카놀라유라고 부른다. 맛과 향이 담백하여 샐러드 오일로 많이 이용되며, 튀김을 하면 체내 흡수되는 지방이 적어 튀김 기름으로 좋다.

[식초]

레드 와인 식초

화이트 와인 식초

발사믹 식초

발사믹 글레이즈

와인 식초는 와인처럼 포도즙을 발효시킨 식초다. 현미식초보다 신맛이 강하다. 레드 와인 식초는 적포도 과즙에 초산균을 넣어 발효시킨 것으로 떫지만 깊은 맛이 난다. 드레싱이나 조림용 소스로 많이 이용된다.

청포도 과즙에 초산균을 넣어 발효시킨 것으로 현미식초보다 신맛이 강하다. 레드 와인 식초에 비해 산뜻한 맛이 강하고 깔끔하며 가벼운 느낌이 드는 식초다. 샐러드 드레싱에도 어울리고, 마리네이드나 생선 요리에 어울린다.

발사믹은 '향기가 좋다'는 의미다. 발사믹 식초는 최고급 포도 식초로 감미로운 향과 신맛이 강하다. 포도를 건조해 단맛을 농축한 다음 압착하여 과즙을 추출해 진하게 조린 뒤 다시 1년 동안 숙성시켜 만든다. 숙성 기간이 긴 발사믹 식초일수록 향기와 풍미가 좋다. 만드는 공정이 복잡하고 숙성 기간이 긴 만큼 가격이 비싸지만, 그만큼 맛있는 식초다.

발사믹 식초를 농축한 것으로 신맛은 약하고 단맛이 진한 검은색 소스다. 발사믹 식초에 설탕이나 물엿을 넣고 3/4로 양이 줄 때까지 졸여서 만드는데, 취향에 따라 레몬즙이나 와인, 꿀 등을 첨가하기도 한다. 샐러드 드레싱을 만들 때 사용하며, 그 외 요리 소스로 이용된다. 빵이나 스테이크, 샐러드, 아이스크림을 장식해도 좋다.

매실식초

현미식초

흑식초

잘 익은 황매실에 설탕을 섞어 1~2개월 정도 숙성시킨 뒤 걸러 낸 식초로, 신맛이 강하지만 매실의 향도 강하게 나는, 풍미가 좋은 식초다. 매실의 영양 성분이 담겨 있으며, 구연산이 풍부해 피로 회복에 좋고, 칼슘의 흡수를 돕는 작용을 한다.

우리가 가장 많이 사용하는 식초로, 현미로 지은 밥에 누룩과 물을 섞어 자연 발효시켜 만든다. 요리 레시피에 '식초'가 나오면 이 현미식초를 사용하면 된다. 현미에 들어 있는 각종 영양소가 발효되면서 생긴 유기산, 아미노산 등이 풍부한 건강 식초다.

최근 주목받고 있는 식초인데, 현미를 1년 이상 발효시켜 만든다. 흑식초는 일본에서 인기가 많은 식초지만, 사실은 중국에서 만들어진 것이다. 발효 기간과 숙성 기간이 길고 짙은 검은색을 띠기 때문에 '흑초'라고도 불린다. 신맛은 약하고 적당한 단맛과 향을 지니고 있어 음료로 마셔도 좋고, 샐러드 드레싱에 쓰면 풍미가 좋아진다.

[과일 & 채소]

 레몬즙

 라임즙

 오렌지 농축액, 오렌지즙

 석류, 석류즙

레몬에서 바로 짜낸 즙은 진한 레몬 향과 신맛 덕분에 식초 대신 써도 좋고, 식초와 함께 드레싱에 넣으면 드레싱의 풍미가 좋아진다. 레몬즙을 짤 때는 레몬을 바닥에 놓고 손으로 눌러가며 굴려 부드럽게 만든 뒤 반으로 잘라 짜면 즙이 잘 나온다.

라임은 레몬과 비슷하게 생겼지만, 황록색을 띤다. 신맛이 강하고, 레몬보다는 새콤하고 쌉싸래하며, 즙이 많다. 피클이나 드레싱, 주스에 이용되는데, 강한 향신료를 쓰는 동남아 요리에 많이 사용된다. 프레시 라임을 구하기가 어려우므로 제품으로 나온 라임즙을 쓰면 된다.

오렌지에서 짜낸 즙은 드레싱에 기분 좋은 향과 단맛, 신맛을 더한다. 오렌지에서 직접 즙을 짜서 쓰려면 번거로우므로 편리하게 농축액을 쓰면 된다. 오렌지즙이나 주스를 사용할 때는 첨가물이 거의 없는 것이 좋은데, 1/4로 졸여 농축해서 쓴다.

석류즙도 특유의 향과 함께 부드러운 단맛, 신맛이 있어 샐러드에 잘 어울리기 때문에 드레싱 재료로 적당하다. 석류를 껍질째 잘라 꾹 눌러 즙을 짜서 쓰거나 시판하는 석류즙이나 석류주스를 사용해도 된다.

 유자청

 매실청

 양파

유자를 채 썰어 설탕에 절여 청을 낸 것으로 유자의 향과 단맛이 진하다. 단맛이 강하므로 드레싱에 쓴다면 설탕은 넣지 않거나 양을 줄여 넣어야 한다. 또한 유자 건더기와 청을 함께 사용하는데, 건더기가 씹히는 것이 부담스러울 때는 믹서에 갈거나 잘게 다져 넣는다.

매실과 설탕을 1:1의 비율로 섞어 3개월이나 1년 정도 숙성시켜 청을 낸 것으로 매실의 향과 단맛, 영양이 고루 들어 있는 건강한 재료다. 설탕 대신 넣어 단맛을 내는데, 잡맛을 없애는 효과도 뛰어나 해물이나 고기로 만든 샐러드의 드레싱으로 특히 잘 어울린다.

단맛과 약한 매운맛이 함께 있는 양파는 드레싱에 부드럽고 깔끔한 단맛과 매운맛을 더하는 재료다. 드레싱에 넣을 때는 오일 등의 재료와 함께 믹서에 갈거나 곱게 다져 넣는다. 양파를 넣은 드레싱은 그린 샐러드부터 해물, 고기 등 거의 모든 샐러드에 어울린다.

[향신료 & 허브]

 디종 머스터드

겨자씨를 가루 내어 와인, 소금, 허브 등의 향신료를 섞어 만든 소스로 강한 매운맛이 난다. 일반 머스터드보다는 맛이 부드러우며, 톡 쏘는 맛이 있어 고급 드레싱을 만들 때 쓴다. 꿀을 섞으면 허니 머스터드소스가 된다.

 홀그레인 머스터드

겨자씨를 거칠게 부수어 식초와 향신료를 첨가해 만든 것으로 시큼한 맛과 함께 머스터드의 부드러운 향과 알갱이가 씹히는 맛이 있다. 구운 흰 살 생선 요리나 샌드위치 스프레드, 스테이크 등에 어울리며, 샐러드드레싱에도 이용된다.

 연겨자

연겨자는 약간의 신맛과 매콤한 맛이 나는 향신료이다. 겨자 소스는 겨잣가루를 개어 사용하는데, 차가운 액체와 섞어야 톡 쏘는 매운맛이 좋아진다. 연겨자는 겨잣가루와 식초 등을 섞어 만든 것으로 좀 더 부드러운 매운맛이 난다. 겨자를 넣은 드레싱은 냉채나 해물 샐러드에 잘 어울린다.

 마른 태국고추

작은 크기의 태국고추는 청양고추보다 5배 정도 매운맛이 강해 조금만 사용해도 된다. 동남아 요리는 물론 중식, 이탈리아, 남미 등의 요리에 두루 사용된다. 강하고 산뜻한 매운맛이 특징이다.

 마늘

마늘은 특유의 향과 맵고 아린 맛이 있는 향신채소로 한국식 샐러드에는 기본적으로 들어간다. 매운맛과 함께 살균력이 있고 잡내를 없애는 효과가 있으며, 드레싱의 뒷맛을 깔끔하게 잡아주기 때문에 서양의 드레싱에도 잘 어울린다. 아린 맛이 부담스러울 때는 전자레인지에 돌려 살짝 익혀 쓴다

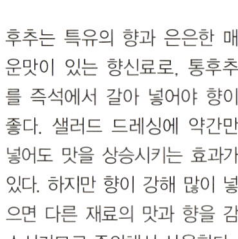 후추

후추는 특유의 향과 은은한 매운맛이 있는 향신료로, 통후추를 즉석에서 갈아 넣어야 향이 좋다. 샐러드 드레싱에 약간만 넣어도 맛을 상승시키는 효과가 있다. 하지만 향이 강해 많이 넣으면 다른 재료의 맛과 향을 감소시키므로 주의해서 사용한다.

 허브

바질, 이탈리안 파슬리, 애플민트, 로즈메리 등의 허브는 드레싱을 신선하고 향긋하게 해주는 재료이다. 드레싱의 특징에 맞춰 어울리는 허브를 넣어야 하며, 잘게 다져 넣거나 믹서에 다른 재료와 함께 갈아서 맛과 향을 낸다.

[장]

 간장

 고추장

 된장

 미소된장

드레싱에는 우리가 흔히 진간장이라고 불리는 간장을 쓰면 된다. 한국식 샐러드에 어울리는 베이스 재료로, 은은한 감칠맛과 단맛, 짠맛을 두루 내는데, 많은 양을 쓰면 드레싱이 검게 되므로 양 조절을 잘해야 한다. 일본 간장인 기코만 간장은 우리나라의 간장보다 단맛이 좀 더 강해 드레싱에 더 잘 어울린다.

한국식 샐러드 중에서 매운맛을 내는 샐러드 드레싱에 쓴다. 고추장은 매운맛이 강하기 때문에 식초를 비롯해 단맛을 내는 설탕이나 과즙, 청을 넣어 좀 더 부드러운 맛을 낸다.

나물무침이나 국에 사용하는 된장도 드레싱에 넣으면 부드럽고 구수한 된장 맛을 낼 수 있다. 한국식 나물 샐러드에 잘 어울린다.

일본 된장으로 우리나라의 된장보다 짠맛은 덜하고 단맛이 진하다. 드레싱에 우리나라 된장을 쓰기가 부담스럽다면 미소된장을 써도 된다. 일본식 된장 드레싱을 만들 때 넣는다.

 액젓

 피시소스

 고추장아찌 간장

 안초비

멸치액젓이나 까나리액젓은 간장보다 감칠맛이 뛰어나지만, 특유의 냄새가 있어 조금씩만 넣어야 한다. 매콤하게 맛을 내는 겉절이나 채소무침에 어울린다. 피시소스 대신 액젓을 사용해도 된다.

태국이나 베트남 등 동남아 요리의 대표 소스로 짠맛과 함께 특유의 감칠맛을 낼 때 쓴다. 우리나라의 멸치액젓과 비슷한 향과 맛이 나지만, 보다 부드럽고 달다. 동남아시아의 샐러드를 만들 때 드레싱에 넣으며, 멸치액젓으로 대신해도 된다.

고추장아찌를 담근 간장은 매콤하면서도 고추향이 배어 간장보다 맛이 좋다. 특히 고추장아찌를 넣는 드레싱에는 장아찌 간장이 어울린다. 양파장아찌나 마늘장아찌도 드레싱에 활용해보자.

안초비를 소금에 절여 발효시킨 것으로 서양식 젓갈이다. 짭조름하고 쿰쿰한 액젓 맛이 나지만 서양 요리에서는 빼놓을 수 없는 재료 중 하나로, 드레싱에는 잘게 다지거나 갈아서 넣는다.

dressing 035

드레싱의 기본. 오일과 식초

드레싱은 오일과 식초를 기본으로 설탕, 소금을 비롯해
여러 가지 재료들을 넣어 맛과 향을 가미해 만든다. 무향의 오일을 넣어 다른 재료의 향을 살리기도,
올리브유, 참기름과 같이 향이 짙은 오일을 써서 오일의 향을 충분히 느끼게 하기도 한다. 또한 여러 가지 식초(비네거)로
다양한 신맛과 향을 낼 수도 있고, 식초 대신 산이 강한 과즙으로 신맛을 낼 수도 있다. 또한 오일과 식초는 다른 재료
없이 그 둘만으로도 훌륭한 드레싱이 되기도 한다. 드레싱을 만들 때는 식초와 오일을 거품기로 잘 섞어서로 분리되지
않게 하는 것이 중요하다. 기름이 분리되면, 어느 부분에는 오일이 많이 묻고, 어느 부분에는 다른 재료들이 많이
묻는 현상이 일어날 수 있다. 드레싱은 크게 오일 베이스 드레싱과 식초 베이스 드레싱으로 나누는 경우가 많은
데, 사실 오일과 식초는 항시 들어가는 재료이므로 이것으로 드레싱을 구분하기에는 부족한 점이 많다. 그래서
오일과 식초를 예외로 두고 드레싱을 나눠보기로 했다. 드레싱의 맛과 향, 질감을 좌우하는 주재료에 따라
드레싱을 구분하는 것이 요리를 만드는 입장에서는 이해하기 쉬울 것이다. 우선 오일과 식초의 느낌은
그대로 살아 있지만, 한두 가지 향신료나 허브가 더해져 맛과 향이 달라지는 드레싱들은 오일 &
식초 베이스 드레싱으로 묶었다. 그리고 크게 과일, 채소, 마요네즈, 요구르트, 장 등을 베
이스로 만든 드레싱으로 구분하기로 했다. 다음에 소개하는 드레싱을 기본으로 해
서 취향에 맞는 재료들을 더하거나 빼 자신만의 드레싱을 만들어보자.
샐러드 요리를 보다 신나게 즐기는 작업이 될 것이다.

오일 & 식초 베이스 드레싱

오일과 식초를 베이스로 하고, 여기에 향과 맛을 내는 재료를 넣은 것으로, 대부분 향신료나 허브가 들어간 드레싱이다. 올리브유와 식초를 기본으로 하는 향신 드레싱이라고도 할 수 있다. 향이 있는 식초나 오일을 사용하거나, 산초나 카레 등 향신료를 넣거나, 허브를 넣으면 전혀 다른 맛과 향의 드레싱이 된다. 개성에 맞게 좋아하는 맛과 향을 가감하면서 맛을 내어보자.
오일과 식초를 베이스로 하는 드레싱은 단맛을 많이 넣는 것보다 살짝 가미하는 정도로 만들고, 샐러드 재료는 수분이 많고 향이 강하지 않은 것들을 사용하면 좋다.

올리브유 드레싱

- 올리브유 3큰술
- 화이트 와인 식초 1작은술
- 소금 ¼작은술
- 후춧가루 약간

볼에 화이트 와인 식초, 소금, 후춧가루를 담고 올리브유를 조금씩 흘려 넣어가며 충분히 저어 오일이 분리되지 않게 섞는다.

어울리는 샐러드
새우 문어샐러드, 쑥갓을 더한 미니 양배추샐러드, 이탈리안 믹스 샐러드, 유자청 과일채샐러드, 스위티 자몽샐러드, 엔다이브 오렌지샐러드, 굴찜샐러드

현미유 드레싱

- 현미유 또는 카놀라유 ½컵
- 식초 2큰술
- 머스터드 약간
- 간 양파 1큰술
- 설탕 1작은술
- 소금 ½작은술
- 후춧가루 약간

볼에 현미유를 제외한 나머지 재료를 넣어 설탕이 녹도록 저은 뒤 현미유를 조금씩 흘려 넣어가며 충분히 저어 오일이 분리되지 않게 섞는다.

어울리는 샐러드
찹 샐러드, 양파 생햄샐러드

발사믹 드레싱

- 발사믹 글레이즈 2작은술
- 올리브유 2큰술
- 다진 양파 1작은술
- 다진 마늘 ½작은술
- 꿀 ½큰술
- 소금 ⅓작은술
- 바질잎 2장

바질잎은 잘게 다져 나머지 재료와 고루 섞는다.

어울리는 샐러드
쑥갓을 더한 미니 양배추샐러드, 적양배추 온 샐러드, 시저 드레싱 감자샐러드, 구운 파프리카 버섯샐러드, 쌈 채소 아롱사태냉채샐러드, 파슬리 드레싱 안심스테이크샐러드, 바질 드레싱 루콜라샐러드

발사믹 올리브유 드레싱

- 발사믹 식초 1작은술
- 올리브유 3큰술
- 레몬즙 4작은술
- 소금 ½작은술
- 후춧가루 약간

볼에 재료를 모두 넣고 충분히 저어 섞는다.
》레몬 드레싱 4큰술에 발사믹 식초 1작은술을 섞어 만들어도 된다.

어울리는 샐러드
구운 마늘을 뿌린 그린샐러드, 토마토 안초비 드레싱 로메인샐러드, 토마토 카프레제, B.L.T.샐러드, 비트 온 샐러드, 구운 잣을 싸먹는 가지샐러드, 구운 파프리카 버섯샐러드, 새우 문어샐러드, 루콜라를 올린 차돌박이샐러드, 쌈 채소 아롱사태냉채샐러드, 유채나물 돼지등심스테이크샐러드, 양파 생햄샐러드, 시저샐러드

홀그레인 머스터드 드레싱

- 홀그레인 머스터드 2작은술
- 화이트 와인 식초 2큰술
- 소금 ¼작은술
- 엑스트라 버진 올리브유 4큰술

볼에 화이트 와인 식초와 소금을 넣고 저어 소금을 녹인 뒤 머스터드를 섞는다. 여기에 올리브유를 조금씩 넣어가며 고루 저어 섞는다.

어울리는 샐러드
바질 드레싱 루콜라샐러드, 양파 토마토샐러드, 구운 치즈를 곁들인 가지샐러드, 쌈 채소 아보카도샐러드, 관자구이 오렌지샐러드, 케이퍼에 재운 연어샐러드, 파프리카 게살샐러드, 온 채소 닭가슴살샐러드, 양파 생햄샐러드

카레 드레싱

- 화이트 와인 식초 1큰술
- 올리브유 3큰술
- 카레가루 1/3작은술
- 간장 1큰술
- 오렌지 농축액 1작은술
- 꿀 1/2큰술
- 생강즙 1작은술
- 설탕 1큰술
- 고춧가루 1/8작은술
- 소금 1/2작은술

볼에 재료를 모두 넣고 고루 섞는다.

어울리는 샐러드
적양배추 온 샐러드
온 채소 간단 샐러드

산초 드레싱

- 홍고추 1개
- 중국 산초 1/2작은술
- 현미식초
  또는 흑식초 2큰술
- 고추기름 1큰술
- 설탕 1작은술
- 후춧가루 약간
- 곱게 다진 마늘 1작은술
- 간 땅콩 1큰술
- 참깨 2작은술

홍고추는 얇게 송송 썰어 믹서에 나머지 재료와 함께 넣고 곱게 간다.

어울리는 샐러드
중국풍 수육샐러드

칠리 드레싱

- 물 4큰술
- 식초 1작은술
- 레몬즙 1작은술
- 두반장 1작은술
- 다진 마늘 1작은술
- 다진 청양고추 2개 분량
- 소금 1/2작은술
- 설탕 4큰술

볼에 재료를 모두 넣고 설탕이 녹을 정도로 충분히 저어 고루 섞는다.

어울리는 샐러드
에스닉 닭안심샐러드

연겨자 드레싱

- 연겨자 1큰술
- 식초 3큰술
- 설탕 2작은술
- 다진 마늘 1/2큰술
- 간장 1/2작은술

볼에 재료를 담고 설탕이 녹을 때까지 충분히 저어 고루 섞는다.

어울리는 샐러드
케이퍼에 재운 연어샐러드
해파리냉채샐러드
닭고기냉채샐러드
무쌈 오리고기샐러드

허니 머스터드 드레싱

- 디종 머스터드 2큰술
- 연겨자 1작은술
- 식초 2큰술
- 꿀 3큰술
- 다진 청양고추 1큰술
- 깨소금·참기름 1큰술씩
- 양파 드레싱 2큰술
  ➡ 양파 드레싱 042쪽

볼에 재료를 모두 넣고 고루 섞는다.

어울리는 샐러드
케이퍼에 재운 연어샐러드, 파프리카 게살샐러드, 해파리냉채샐러드, 온 채소 닭가슴살샐러드, 닭고기냉채샐러드, 무쌈오리고기샐러드, 연어 숙주샐러드

검은깨 드레싱

- 검은깨가루 2큰술
- 화이트 와인 식초 4큰술
- 설탕 1큰술
- 참기름 3큰술
- 포도씨유 2큰술
- 소금 1/3작은술
- 후춧가루 약간

볼에 재료를 모두 넣고 고루 섞는다.

어울리는 샐러드
비트 온 샐러드
부추 달래샐러드

애플민트 드레싱

- 애플민트 2~3줄기(2g)
- 레몬즙 1큰술
- 화이트 와인 식초 1큰술
- 꿀 1/2큰술
- 소금 1/3작은술
- 후춧가루 약간
- 올리브유 2큰술

볼에 레몬즙, 화이트 와인 식초, 꿀, 소금, 후춧가루를 넣어 거품기로 고루 섞는다. 여기에 애플민트를 칼로 잘게 다져 넣고 올리브유도 넣어 섞는다.

어울리는 샐러드
바질 드레싱 루콜라샐러드
구운 잣을 싸 먹는 가지샐러드
치즈를 얹은 사과샐러드

바질 안초비 드레싱

- 바질잎 1컵(10g)
- 안초비 2마리
- 올리브유 1/2컵
- 소금 1/4작은술

바질과 안초비는 굵게 다져 올리브유, 소금과 함께 믹서에 넣어 부드럽게 간다.

어울리는 샐러드
구운 마늘을 뿌린 그린샐러드, 바질 드레싱 루콜라샐러드, 토마토 카프레제, 시저 드레싱 감자샐러드, 양파 토마토샐러드, 쌈채소 아보카도샐러드

과일 베이스 드레싱

레몬, 오렌지, 라임 등 시트러스 계열의 신맛이 강한 과일, 석류처럼 색과 단맛, 신맛이 어우러진 과일, 수박이나 멜론처럼 단맛과 충분한 수분이 어우러진 과일 등 다양한 과일로 드레싱을 만들 수 있다.

레몬, 라임과 같이 단맛은 없고 신맛이 강한 과일은 식초 대용으로 사용하면서 본연의 향을 더해주는 용도로 쓴다.

같은 시트러스 계열이라도 오렌지와 같이 단맛과 향이 잘 어우러진 과일은 설탕이나 꿀의 단맛을 보조하면서 향을 가미하는 용도로 쓰는 것이 좋다. 이런 과일 드레싱에는 자연스러운 신맛을 내기 위해 레몬을 살짝 첨가하는 것도 좋은 방법이다.

레몬 드레싱 ❶

- ☐ 레몬즙 ¼컵
- ☐ 설탕 1작은술
- ☐ 소금 ½작은술
- ☐ 후춧가루 약간
- ☐ 올리브유 ½컵

레몬즙에 설탕, 소금, 후춧가루를 넣고 고루 저어 설탕을 녹인다. 여기에 올리브유를 조금씩 나눠 넣으며 거품기로 충분히 저어 기름이 분리되지 않게 섞는다.

어울리는 샐러드
구운 마늘을 뿌린 그린샐러드, 토마토 안초비 드레싱 로메인샐러드, 쑥갓을 더한 미니 양배추샐러드, 이탈리안 믹스 샐러드, 토마토 카프레제, 찹 샐러드, 시저 드레싱 감자샐러드, 석류 드레싱 모둠 콩샐러드, 양파 토마토샐러드, 베리베리샐러드, 엔다이브 오렌지샐러드, 토르티야에 싸 먹는 살사 과카몰레, 멜론 수박샐러드, 케이퍼에 재운 연어샐러드, 새우 문어샐러드, 굴찜샐러드, 에스닉 닭안심샐러드, 유채나물 돼지등심스테이크샐러드, 과일 드레싱 푸실리샐러드

레몬 드레싱 ❷

- ☐ 올리브유 2큰술
- ☐ 레몬즙 1작은술
- ☐ 꿀 1작은술
- ☐ 소금 ⅓~½작은술
- ☐ 후춧가루 약간

볼에 재료를 넣고 거품기로 잘 섞는다.
레몬 드레싱 ❶을 써도 된다.

오렌지 드레싱 ❶

- ☐ 오렌지 농축액 2큰술
- ☐ 엑스트라 버진 올리브유 4큰술
- ☐ 소금 ½작은술
- ☐ 후춧가루 약간

볼에 재료를 모두 넣고 거품기로 고루 섞는다.

오렌지 드레싱 ❷

- ☐ 오렌지 농축액 1½큰술
- ☐ 올리브유 1큰술
- ☐ 소금 ½작은술
- ☐ 후춧가루 약간

볼에 재료를 모두 넣고 거품기로 고루 섞는다.

어울리는 샐러드
쑥갓을 더한 미니 양배추샐러드, 딸기샐러드, 스위티 자몽샐러드, 엔다이브 오렌지샐러드, 토르티야에 싸 먹는 살사 과카몰레, 과일 드레싱 푸실리샐러드

석류 드레싱

- 석류즙 ¼컵
  (석류 작은 것 1개 분량)
- 올리브유 1작은술
- 레드 와인 식초 1작은술
- 레몬즙 ½작은술
- 다진 마늘 1쪽(5g)
- 소금 ⅓작은술

석류는 8등분을 하여 딱딱한 껍질을 벗겨낸 뒤 손으로 꾹 눌러 즙을 짠다. 석류 과즙기를 이용해도 좋다. 나머지 재료와 고루 섞는다.

어울리는 샐러드
구운 마늘을 뿌린 그린샐러드, 찹샐러드, 석류 드레싱 모둠 콩샐러드, 당근샐러드, 베리베리샐러드, 엔다이브 오렌지샐러드, 믹스 과일샐러드, 멜론수박샐러드, 과일 드레싱 푸실리샐러드

유자청 드레싱

- 유자청 2큰술
- 유자 건더기 2큰술(60g)
- 식초 1큰술
- 물 2큰술
- 소금 약간

볼에 재료를 모두 넣고 고루 섞어 차게 둔다. 유자청은 유자차의 청과 건더기를 쓰면 된다.

어울리는 샐러드
새순 배추샐러드, 찹 샐러드, 석류 드레싱 모둠 콩샐러드, 유자청 과일채샐러드, 루콜라를 곁들인 채끝등심샐러드

올리브 드레싱

- 절인 올리브 ½컵(50g)
- 올리브유 3큰술
- 레드 와인 식초 1큰술
- 소금·후춧가루 약간씩

올리브는 블랙이나 그린으로 준비해, 굵게 다져 볼에 넣고 나머지 재료를 넣어 고루 섞은 뒤 잠시 둔다.

어울리는 샐러드
구운 파프리카 버섯샐러드, 구운 치즈를 곁들인 가지샐러드, 파슬리 드레싱 안심스테이크샐러드

오렌지 머스터드 드레싱

- 오렌지 농축액 6큰술
- 레몬즙 2큰술
- 꿀 1큰술
- 디종 머스터드 1큰술
- 생강즙 1작은술
- 소금 ⅓작은술
- 후춧가루 약간
- 올리브유 4큰술

냄비에 오렌지 농축액과 레몬즙을 넣고 약한 불에서 끓여 4큰술 정도가 나올 때까지 졸여 식힌다. 여기에 꿀, 디종 머스터드, 생강즙, 소금, 후춧가루를 넣어 섞는다. 올리브유를 조금씩 넣어가며 거품기로 충분히 저어 섞는다.
》오렌지 농축액 대신 오렌지즙이나 주스를 넣어 ¼ 분량으로 졸여서 써도 된다.

어울리는 샐러드
양파 토마토샐러드, 관자구이 오렌지샐러드, 파프리카 게살샐러드, 닭고기냉채샐러드, 루콜라를 곁들인 채끝등심샐러드, 쌈 채소 아롱사태냉채샐러드, 과일 드레싱 푸실리샐러드, 마카로니 코울슬로

레몬 간장 드레싱

- 레몬 드레싱 ❶ ¼컵
  (3큰술)
- 간장 2작은술
- 와사비 ¼작은술

레몬 드레싱 ❶에 간장과 와사비를 넣고 와사비가 잘 풀어지도록 고루 섞는다.

어울리는 샐러드
광어회 카르파초

수박 드레싱

- 수박즙 ½컵
  (수박 80g 분량)
- 레몬즙 1큰술
- 소금 ⅓작은술
- 설탕 1작은술

수박은 씨를 제거하고 믹서에 갈아 즙을 낸다. 볼에 수박즙과 나머지 재료를 넣고 설탕이 녹게 충분히 저어 섞는다.

어울리는 샐러드
멜론 수박샐러드

과일 드레싱

- 자몽 웨지 4조각
- 오렌지 웨지 4조각
- 유자청 1큰술
- 설탕 1½큰술
- 화이트 와인 식초 2작은술

자몽과 오렌지는 과육만 잘라내어 믹서에 간 뒤 나머지 재료와 고루 섞는다.

어울리는 샐러드
관자구이 오렌지샐러드
과일 드레싱 푸실리샐러드

채소 베이스 드레싱

채소 베이스 드레싱은 오일과 식초에 갖은 채소를 더하여 향을 내는 드레싱이다. 마늘과 같이 아린 맛을 더하면서 깔끔하게 만드는 방법과 당근, 양파 등을 넣어 자연스러운 단맛을 내는 방법, 절인 채소를 사용하여 깊은 맛을 내는 방법 등이 있다.

마늘은 동양적인 드레싱에 참 잘 어울리는 재료이지만, 의외로 이탈리안 샐러드처럼 유럽풍 샐러드를 만들 때 넣어도 잘 어울린다. 마늘의 아린 맛이 싫다면 잠시 전자레인지에 돌려 아린 맛을 단맛으로 바꿔 마늘 특유의 향을 살리는 것도 좋은 방법이다.

양파나 당근은 단맛이 자연스레 우러나는 채소로, 잘게 다지는 방법보다 곱게 강판에 갈거나 믹서에 갈아 사용하면 다른 드레싱 재료와도 잘 섞이면서 단맛을 최대로 끌어올릴 수 있어 좋다.

양파 드레싱

- [ ] 채 썬 양파 150g(작은 것 1개 분량)
- [ ] 현미식초 5큰술
- [ ] 다진 마늘 ½작은술
- [ ] 설탕 2큰술
- [ ] 소금 1½작은술
- [ ] 카놀라유 또는 현미유 ½컵

채 썬 양파를 30분 정도 물에 담가 매운맛을 뺀다. 양파의 물기를 털어 믹서에 넣고, 카놀라유를 뺀 모든 재료를 넣어 퓌레 상태가 되도록 간다. 여기에 카놀라유를 세 번에 나눠 넣어가며 믹서로 간다.

어울리는 샐러드
토마토 안초비 드레싱 로메인샐러드, 시금치샐러드, 당근샐러드, 딸기샐러드, 베리베리샐러드, 쌈 채소 아보카도샐러드, 단감 사과샐러드, 멜론 수박샐러드, 아스파라거스 관자냉채샐러드, 참나물을 올린 마 참치샐러드, 케이준 치킨샐러드, 김에 싸 먹는 버섯샐러드

마늘 드레싱

- [ ] 올리브유 3큰술
- [ ] 마늘 5쪽(40g)
- [ ] 레드 와인 식초 1큰술
- [ ] 소금 ⅓작은술
- [ ] 후춧가루 약간

마늘은 얇게 저며 올리브유와 함께 팬에 넣고 연한 갈색이 되게 굽는다. 구운 마늘을 체에 밭쳐 올리브유를 걸러 식힌 뒤, 레드 와인 식초와 소금, 후춧가루를 넣어 거품기로 잘 섞는다.

어울리는 샐러드
구운 마늘을 뿌린 그린샐러드, 쑥갓을 더한 미니 양배추샐러드, 부추 달래샐러드, 온 채소 닭가슴살샐러드, 루콜라를 곁들인 채끝등심샐러드, 유채나물 돼지등심스테이크, 양파 생햄샐러드, 시저샐러드

당근 드레싱

- [ ] 당근 100g(큰 것 ½개)
- [ ] 양파 35g (작은 것 ¼~⅓개)
- [ ] 기코만 간장 또는 간장 2큰술
- [ ] 물 2큰술
- [ ] 식초 4큰술
- [ ] 포도씨유 3큰술
- [ ] 황설탕 3큰술
- [ ] 소금 약간

당근과 양파를 굵게 다진 뒤 나머지 재료와 함께 믹서에 넣어 곱게 간다.

어울리는 샐러드
부추 달래샐러드, 비트 온 샐러드, 당근샐러드

양파 간장 드레싱

- [ ] 양파 드레싱 5큰술
  ➡ 양파 드레싱 042쪽
- [ ] 간장 1큰술
- [ ] 레몬즙 ½작은술
- [ ] 다진 마늘 ½작은술

양파 드레싱에 나머지 재료를 넣어 고루 섞는다.

어울리는 샐러드
아스파라거스 관자냉채샐러드, 광어회 카르파초, 참나물을 올린 마 참치샐러드, 베이컨파스타샐러드

파슬리 드레싱

- 레몬 1개
- 양파 ¼개
- 이탈리안 파슬리잎 2컵
- 드라이 오레가노 약간
- 레드 와인 식초 1큰술
- 올리브유 2큰술
- 소금 ¼작은술
- 후춧가루 약간

양파는 대충 썰어 믹서에 담고, 레몬은 즙을 짜 넣는다. 나머지 재료들을 모두 넣어 곱게 간다.

어울리는 샐러드

구운 마늘을 뿌린 그린샐러드, 찹 샐러드, 관자구이 오렌지샐러드, 루콜라를 곁들인 채끝등심샐러드, 파슬리 드레싱 안심스테이크샐러드, 쌈 채소 아롱사태냉채샐러드

토마토 안초비 드레싱

- 방울토마토 200g(10~12개)
- 안초비 4마리
- 바질잎 3장
- 마른 태국고추 4개
- 다진 마늘 1작은술
- 레드 와인 식초 3큰술
- 올리브유 3큰술
- 황설탕 1큰술
- 소금 ¼작은술

잘게 썬 마른 태국고추는 레드 와인 식초를 넣고 고루 섞어 10분간 재운다. 바질잎은 채 썰고, 안초비는 잘게 다진다.
방울토마토는 꼭지를 떼고 칼집을 넣어 뜨거운 물에 슬쩍 데쳐 껍질을 벗긴 뒤 4등분 하여 씨를 발라내고 잘게 썬다.
볼에 태국고추, 다진 마늘, 방울토마토, 안초비, 바질잎, 올리브유, 황설탕, 소금을 넣어 잘 섞는다.

어울리는 샐러드

토마토 안초비 드레싱 로메인샐러드, B.L.T. 샐러드, 양파 토마토샐러드, 루콜라를 올린 차돌박이샐러드

dressing

마요네즈 베이스 드레싱

마요네즈에는 적당한 신맛과 짠맛, 고소한 맛이 어우러져 있어 다양한 재료들과 잘 섞인다.

마요네즈에 오이피클과 양파를 곱게 다져 넣어 타르타르 드레싱을 만들어 신선한 맛을 가미할 수도 있고, 참깨를 곱게 갈아 넣어 고소한 맛을 더할 수도 있다.

또, 식초와 오일의 비율을 줄이고 달걀노른자의 비율을 높여 자연스레 흘러내리면서 담백한 맛을 내는 홀렌다이즈 드레싱을 만들기도 한다.

여기에 파슬리를 다져 넣으면 산뜻한 맛과 향이 가미되니, 다양한 재료를 마요네즈와 섞어 드레싱을 만들어보는 것도 좋을 듯하다.

마요네즈 드레싱은 특유의 걸쭉함이 있어, 드레싱을 뿌려 내는 것보다 먹기 직전에 버무려 내야 재료에 드레싱이 골고루 묻는다.

마요네즈

- ☐ 실온 달걀 1개
- ☐ 식용유 1컵
- ☐ 레몬즙 1큰술
- ☐ 설탕 1큰술
- ☐ 식초 1큰술
- ☐ 소금·후춧가루 약간씩

1. 신선한 달걀을 실온에 두어 차지 않게 준비한다. 믹서에 달걀과 소금, 후춧가루, 설탕, 레몬즙, 식초를 넣고 식용유 반 분량을 살그머니 넣는다.
2. 믹서를 바닥에 고정한 뒤, 약하게 돌린다.
3. 밑에서부터 마요네즈가 올라오면, 믹서 뚜껑의 구멍에 식용유를 조금씩 흘려 넣어가며 약하게 간다.
4. 부피가 70~80% 늘어 마요네즈 상태가 되면 뚜껑을 열고 스푼으로 저어준 뒤 잠시 더 갈아 완성한다.

어울리는 샐러드
월도프샐러드, 믹스 과일샐러드

마요네즈 드레싱

- 마요네즈 5큰술
- 레몬즙 1½큰술
- 설탕 1큰술
- 우유 2큰술
- 다진 양파 2큰술
- 이탈리안 파슬리 3줄기
  (또는 다진 이탈리안 파슬리 2큰술)
- 소금·흰 후춧가루 약간씩

이탈리안 파슬리는 잘게 썬다. 볼에 재료를 모두 넣고 고루 섞는다.

어울리는 샐러드
콜리플라워 브로콜리샐러드, 온 채소 간단 샐러드, 월도프샐러드, 믹스 과일샐러드, 브로콜리 새우샐러드, 오징어튀김샐러드,

마요네즈 양파 드레싱

- 양파 드레싱 4큰술
  ➡ 양파 드레싱 042쪽
- 마요네즈 ½컵
- 간장 1큰술
- 다진 양파 3큰술
- 흑임자가루·소금 약간씩

양파 드레싱에 마요네즈와 나머지 재료를 모두 넣고 고루 섞는다.

어울리는 샐러드
참깨 드레싱 양배추샐러드, 콜리플라워 브로콜리샐러드, 시금치샐러드, 온 채소간단샐러드, 월도프샐러드, 믹스 과일샐러드, 브로콜리 새우샐러드, 오징어튀김샐러드, 파프리카 게살샐러드, 온 채소 닭가슴살샐러드, 베이컨 파스타샐러드

참깨 드레싱

- 마요네즈 ½컵(85g)
- 간 양파 3큰술
- 간장 2작은술
- 미소 된장 ½큰술
- 식초 2큰술
- 참기름 1큰술
- 설탕 3큰술
- 깨소금 2큰술
- 소금 1작은술

볼에 재료를 모두 넣고 충분히 저어 섞는다.

어울리는 샐러드
참깨 드레싱 양배추샐러드, 온 채소간단 샐러드, 닭고기냉채샐러드, 순두부 닭고기샐러드

시저 드레싱

- 안초비 3마리
- 마늘 1쪽(5g)
- 마른 태국고추 1개
- 케이퍼 6알
- 마요네즈 5큰술(50g)
- 디종 머스터드 1작은술
- 레몬즙 1½큰술
- 올리브유 1½큰술
- 황설탕 2큰술
- 소금 ¼작은술
- 후춧가루 약간

안초비와 마늘, 고추는 잘게 다진다. 믹서에 올리브유를 제외한 나머지 재료를 모두 넣고 간 뒤 올리브유를 넣어 다시 한 번 간다.

어울리는 샐러드
구운 마늘을 뿌린 그린샐러드, 이탈리안 믹스샐러드, 시저 드레싱 감자샐러드, 월도프샐러드, 믹스 과일샐러드, 케이준 치킨샐러드, 파슬리 드레싱 안심스테이크샐러드, 시저샐러드

치즈 마요네즈 드레싱

- 마요네즈 ¼컵(4큰술)
- 파르메산 치즈 가루 2큰술
- 레몬즙 1큰술
- 다진 레몬 껍질 1작은술

볼에 재료를 모두 넣고 고루 섞어 잠시 두었다가 사용한다.

어울리는 샐러드
콜리플라워 브로콜리샐러드, 시금치샐러드, B.L.T.샐러드, 딸기샐러드, 월도프샐러드, 오징어튀김샐러드

홀렌다이즈 드레싱

- 버터 4큰술(50~60g)
- 달걀노른자 2개
- 식초 2작은술
- 다진 파슬리 1작은술
- 소금 ¼작은술
- 흰 후춧가루 약간

버터를 중탕으로 녹인 뒤 잠시 그대로 두어 윗부분의 분리된 버터기름을 숟가락으로 살짝 떠내어 따로 둔다. 달걀은 노른자만 분리해서 볼에 담고 떠낸 버터기름을 조금씩 넣어가며 거품기로 젓는다.

어울리는 샐러드
홀렌다이즈 드레싱 수란샐러드
시저샐러드

장 베이스 드레싱

장은 동양에서 발달한 숙성 양념이다. 우리나라만 해도 된장, 간장, 고추장 등 기본적인 장이 세 가지나 있고, 여러 가지 재료에 소금과 숙성시킨 액젓 등도 있다. 간장을 이용하여 만든 장아찌도 장 베이스의 드레싱 재료로 적합하다. 장은 숙성과 발효의 시간을 거쳐 깊은 풍미와 짠맛을 지니고 있는데, 특유의 쿰쿰한 향이 강하다.
한식 무침 요리가 아닌 가벼운 드레싱, 즉 샐러드의 드레싱에 장을 넣을 때는 그 향과 풍미를 살짝 없애기 위해 다진 마늘과 다진 파, 고추 등을 넣으면 깔끔한 맛이 난다.
또한 여러 가지 장이 섞어 서로 부족한 풍미를 보완해주는 드레싱을 만들어도 좋다.

피시소스 드레싱

- 라임즙 1/3컵
- 피시소스 1/3컵
- 참기름 1½큰술
- 황설탕 1/3컵
- 소금 1/4작은술
- 후춧가루 약간

재료를 모두 볼에 담고 설탕이 녹을 정도로 저어 섞는다. 라임즙 대신 레몬즙을 써도 좋고, 피시소스 대신 멸치액젓 2½큰술을 넣어도 된다.

어울리는 샐러드
새순 배추샐러드, 태국식 스파이시 새우온 샐러드, 에스닉 닭안심샐러드, 얌운센 스타일 녹두당면샐러드

간장 드레싱

- 기코만 간장 또는 간장 2작은술
- 참치액 1큰술
- 물 1큰술
- 풋고추 1개

풋고추를 송송 썰어 볼에 담고 간장, 참치액, 물을 넣어 고루 섞는다.

어울리는 샐러드
간장 드레싱 뿌리채소샐러드, 잡채

된장 드레싱

- 된장 2큰술
- 다진 마늘 1큰술
- 다진 청양고추 1개 분량
- 물 적당량
- 다진 대파 1½큰술
- 설탕 1작은술
- 참기름 1큰술
- 새우가루 1작은술
- 멸치가루 1/2작은술

내열 볼에 다진 마늘과 다진 청양고추를 넣고 자작하게 잠기도록 물을 부어 전자레인지에 30초 정도 돌린다. 여기에 나머지 재료를 넣고 고루 섞는다.

어울리는 샐러드
새순 배추샐러드
된장 드레싱 아삭이고추샐러드

굴소스 드레싱

- 굴소스 1큰술
- 다진 청양고추 1큰술
- 다진 파·다진 마늘 1작은술씩
- 청주 2큰술
- 꿀 1작은술
- 올리브유 1큰술
- 설탕 1/2큰술

볼에 재료를 모두 넣고 설탕이 녹을 때까지 잘 섞는다.

어울리는 샐러드
굴찜샐러드, 쑥갓과 미나리를 올린 낙지샐러드, 풋마늘대와 볶은 차돌박이샐러드, 중국풍 수육샐러드, 잡채

청양고추장아찌 드레싱

- 청양고추장아찌 10개
- 청양고추장아찌 국물 1/2컵
- 매실청 1큰술
- 설탕 3큰술

청양고추장아찌와 국물, 매실청, 설탕을 믹서에 넣고 곱게 간다.

어울리는 샐러드
광어회 카르파초, 굴찜샐러드, 쑥갓과 미나리를 올린 낙지샐러드, 풋마늘대와 볶은 차돌박이샐러드, 연두부에 올린 마늘종장아찌 달래샐러드

초고추장 양파 드레싱

- 고추장 3큰술
- 매실청 2큰술
- 설탕 1½큰술
- 현미식초 2큰술
- 다진 마늘 ½작은술
- 참기름 2작은술
- 양파 드레싱 2큰술
  ➜ 양파 드레싱 042쪽

볼에 참기름을 제외한 재료를 넣어 고루 섞은 뒤 먹기 직전에 참기름을 넣어 섞는다.

어울리는 샐러드
돌나물 갑오징어샐러드, 북어채 골뱅이샐러드, 육회샐러드, 쟁반국수샐러드, 초고추장 청경채샐러드

고추장 드레싱

- 고추장 3큰술
- 다진 파 1큰술
- 다진 마늘 1작은술
- 유자청 1작은술
- 매실청 1큰술
- 깨소금 1작은술
- 참기름 1작은술

볼에 재료를 모두 넣고 고루 섞는다.

어울리는 샐러드
광어회 카르파초, 쑥갓과 미나리를 올린 낙지샐러드, 육회샐러드, 멸치를 넣은 쪽파샐러드, 돌남물 갑오징어샐러드, 쟁반국수샐러드

액젓 드레싱

- 피시소스 3큰술
  (또는 멸치액젓 2큰술)
- 식초 ⅓컵
- 레몬즙 ½컵(레몬 1개 분량)
- 다진 마늘 ¼작은술
- 청양고추 1개
- 고운 고춧가루 ½작은술
- 황설탕 ⅓컵
- 소금 약간
- 카놀라유 또는 현미유 1큰술

청양고추를 잘게 다져 나머지 재료와 함께 저어 섞는다.

어울리는 샐러드
새순 배추샐러드, 태국식 스파이시 새우 온 샐러드, 에스닉 닭안심샐러드, 얌운센 스타일 녹두당면샐러드, 배추를 넣은 쌀국수샐러드

일본풍 간장 드레싱

- 간장 2½큰술
- 참치액 2½큰술
- 레몬즙 1작은술
- 식초 2큰술
- 소금 ¼작은술
- 설탕 1½큰술
- 현미유 또는 카놀라유 2큰술

볼에 재료를 모두 넣고 충분히 저어 잘 섞는다.

어울리는 샐러드
참깨 드레싱 양배추샐러드, 당근샐러드, 간장 드레싱 뿌리채소샐러드, 쑥갓과 미나리를 올린 낙지샐러드, 해초 녹두당면샐러드, 배추를 넣은 쌀국수샐러드, 일본풍 메밀국수샐러드, 잡채

미소 간장 드레싱

- 미소된장 1큰술
- 간장 4큰술
- 맛술 1큰술
- 식초 2큰술
- 간 생강 1큰술
- 다진 마늘 1작은술
- 설탕 1½큰술
- 소금 ¾작은술

볼에 재료를 모두 넣고 고루 섞는다.

어울리는 샐러드
순두부 닭고기샐러드
배추를 넣은 쌀국수샐러드

안초비 비네거 드레싱

- 마늘 1쪽
- 안초비 6개
- 디종 머스터드 ½작은술
- 화이트 와인 식초 2큰술
- 엑스트라 버진 올리브유 4큰술
- 바질잎 6장

마늘과 안초비는 굵게 다진다. 믹서에 올리브유와 바질잎을 제외한 모든 재료를 넣고 곱게 간다. 올리브유를 넣고 믹서를 잠시 돌려 고루 섞이게 한 뒤 바질 잎을 넣어 다시 돌려 고루 섞는다.

어울리는 샐러드
구운 치즈를 곁들인 가지샐러드
양파 토마토샐러드

요구르트 & 치즈 베이스 드레싱

플레인 요구르트나 치즈는 우유를 숙성시켜 만든 것으로, 요구르트는 산뜻함을, 치즈는 깊은 풍미를 느끼게 해주는 드레싱 재료이다.

플레인 요구르트는 그 자체만으로도 드레싱에 알맞은 농도와 신맛이 잘 어우러져 있다.

여기에 설탕과 소금 등의 단맛과 짠맛을 살짝만 가미해도 좋고, 다진 마늘 등을 넣어 밍밍하게 흐를 수 있는 뒷맛을 깔끔하게 잡아주어도 좋다.

또는 다진 호두와 같은 견과류를 넣어 씹는 맛을 더하는 것도 좋은 방법이다.

요구르트 드레싱은 과일이 들어가는 샐러드에 곁들이면 과일의 상큼함과 요구르트의 신선함이 잘 어우러져 입맛을 돋운다.

치즈는 특유의 깊은 풍미와 향을 가지고 있고, 각각의 치즈마다 풍미가 달라 다양한 변형이 가능하다.

크랜베리 드레싱

- 블루 치즈 50g
- 마른 크랜베리 1/4컵(40g)
- 화이트 와인 식초 2큰술
- 올리브유 2큰술
- 브랜디 1/2작은술

마른 크랜베리는 잘게 썰어 볼에 담고, 화이트 와인 식초를 넣어 고루 섞어 30분 이상 재운다. 재워둔 크랜베리에 블루 치즈를 손으로 부수듯이 뜯어 넣고, 올리브유, 브랜디를 넣어 치즈를 으깨어가며 고루 섞는다. 브랜디 대신 화이트 와인을 넣어도 된다.

어울리는 샐러드
콜리플라워 브로콜리샐러드, 이탈리안 믹스 샐러드, 치즈를 올린 사과샐러드, 브로콜리 새우샐러드, 파슬리 드레싱 안심스테이크샐러드, 베이컨 파스타샐러드

요구르트 드레싱

- 플레인 요구르트 1통(80g)
- 마요네즈 2큰술(20g)
- 레몬즙 1큰술
- 다진 마늘 1/2작은술
- 설탕 1작은술
- 소금 1/3작은술
- 흰 후춧가루 약간

볼에 재료를 모두 넣어 고루 섞는다.

어울리는 샐러드
구운 마늘을 뿌린 그린샐러드, 토마토 안초비드레싱 로메인샐러드, 참깨 드레싱 양배추샐러드, 콜리플라워 브로콜리샐러드, 시금치샐러드, 홀렌다이즈 드레싱 수란샐러드, B.L.T.샐러드, 딸기샐러드, 스위티 자몽샐러드, 월도프샐러드, 단감 사과샐러드, 케이준 치킨샐러드, 마카로니 코울슬로, 요구르트 오이샐러드

머스터드 요구르트 드레싱

- 디종 머스터드 2큰술
- 베이컨 2장
- 플레인 요구르트 1통(80g)
- 마요네즈 2큰술
- 레몬즙 1큰술
- 후춧가루 약간

베이컨은 노릇하게 구워 잘게 다진 뒤 나머지 재료와 함께 고루 섞는다.

어울리는 샐러드
단감 사과샐러드, 아스파라거스 관자냉채샐러드, 케이준 치킨샐러드, 순두부 닭고기샐러드, 마카로니 코울슬로

들깨 드레싱

- 들깨가루 6큰술
- 생크림 2큰술
- 우유 3~4큰술
- 다진 생강 1/3작은술
- 다진 마늘 1/3작은술
- 국간장 1큰술
- 현미식초 1작은술
- 소금 1/2작은술
- 설탕 2작은술

믹서에 재료를 모두 넣고 갈아 부드러운 상태가 되도록 섞는다.

어울리는 샐러드
유자청 과일채샐러드, 닭고기냉채샐러드, 순두부 닭고기샐러드

파르메산 치즈 드레싱

- 파르메산 치즈 30g
- 다진 마늘 2큰술
- 올리브유 6큰술
- 다진 청양고추 1개 분량
- 마른 태국고추 3개
- 다진 파슬리 2큰술

치즈를 제외한 모든 재료를 잘 섞어 전자레인지에서 1분간 돌린다. 여기에 치즈를 넣어 녹인다.

어울리는 샐러드
구운 마늘을 뿌린 그린샐러드, 토마토 안초비드레싱 로메인샐러드, B.L.T.샐러드, 양파 토마토샐러드, 루콜라를 올린 차돌박이샐러드, 시저샐러드

드레싱, 취향대로 만들어라

드레싱은 어떤 재료를 가지고 어떤 비율로 섞느냐에 따라 맛도 향도 제각각이다. 특별히 어떤 틀에 얽매이지 말고 자신의 입맛에 맞게 선택하면 된다. 드레싱의 이름도 주재료를 중심으로, 또는 드레싱의 맛에 크게 영향을 미치는 것을 중심으로 나름대로 붙여주면 된다.

우리나라 사람들이 가장 좋아하는 몇 가지 드레싱이 있는데, "왜 이 책에는 없어요?"라고 묻는 경우가 있을 것이다. 그건 책의 저자인 김상영 씨가 정형화된 드레싱에 얽매이지 않고 요리에 가장 어울리는 맛의 조합을 찾아 드레싱을 만들고, 새로 이름을 붙였기 때문이다.

프렌치 드레싱이나 사우전드 아일랜드 드레싱을 찾는다면, 이 책에 나오는 비슷한 맛의 드레싱들로 얼마든지 대체할 수 있다. 그리고 훨씬 깔끔하고 산뜻한 맛을 즐길 수 있을 것이다.

드레싱에 정답은 없다. 독자 여러분도 얼마든지 자신만의 드레싱을 개발하고 이름을 붙여줄 수 있다.

베스트 드레싱 따라 잡기

● 프렌치 드레싱
프랑스인들이 즐겨 먹는다고 해서 붙여진 이름으로 올리브유와 식초를 기본 베이스로 하여, 디종 머스터드, 다진 양파, 소금과 후춧가루를 넣어 만든다. 파슬리나 피망 등을 다져 넣기도 하고, 설탕을 추가해 단맛을 더하기도 한다. 머스터드 대신 겨자를 넣기도 한다. 산뜻하고 톡 쏘는 맛이 잘 어우러진, 가벼운 느낌의 드레싱이다.

● 이탈리안 드레싱
실제 이탈리아에서는 샐러드 재료에 직접 올리브유와 식초, 소금, 후춧가루를 뿌려 가볍게 버무려 먹을 뿐이다. 우리가 알고 있는 이탈리안 드레싱은 미국으로 건너와 정형화된 것으로 올리브유와 식초를 기본으로 하여 레몬즙, 소금, 후추, 겨자나 머스터드, 다진 양파, 허브(바질, 오레가노 등), 다진 마늘 등을 섞어 만든 것이다. 기호에 따라 오이나 피클을 다져 넣어도 되고, 설탕으로 단맛을 내도 좋다. 가장 기본적인 샐러드 드레싱으로 산뜻하고 깔끔한 맛이 나며 거의 모든 샐러드에 잘 어울린다.

● 허니 머스터드 드레싱
이름에서 보이듯 꿀과 머스터드가 섞인 드레싱인데, 마요네즈에 꿀과 머스터드 외에 올리브유, 식초(레몬즙), 소금, 후춧가루를 섞어 만든다. 달콤하면서도 부드럽게 톡 쏘는 맛이 있어 아이들이 특히 좋아한다. 다진 양파나 다진 피클을 넣기도 한다. 튀긴 음식이나 치킨 샐러드, 고기 샐러드에 어울리며, 감자와 소시지를 이용한 샐러드에도 어울린다.

● 사우전드 아일랜드 드레싱
마요네즈와 토마토케첩을 섞어 만드는 드레싱으로, 피클, 삶은 달걀, 피망, 양파 등을 다져 넣으며 소금, 흰 후춧가루로 간을 한다. 파슬리나 칠리소스 등으로 맛을 더하기도 한다. 핑크색을 띠는 드레싱인데, 다진 재료가 많이 들어가 수천 개의 섬이 떠 있는 듯하다 해서 사우전드 아일랜드라는 이름이 붙여졌다. 고소하면서도 신맛과 단맛이 잘 어우러져 채소 샐러드는 물론 닭고기나 소시지, 고기 샐러드에도 잘 어울린다.

● 오리엔탈 드레싱
한식 샐러드에 가장 잘 어울리는 드레싱으로 간장을 베이스로 하며 오일은 적게 넣고 참기름, 다진 마늘, 참깨 등을 섞어 만든다. 기호에 따라 다진 양파나 레몬즙을 넣기도 하고 설탕으로 단맛을 내기도 한다. 짭짤하지만 드레싱으로 즐길 수 있을 정도로 짠맛은 적고 부드러우며 감칠맛이 있어 우리나라 사람들의 입맛에 맞는 드레싱이다.

모든 샐러드의 기본이 되는 그린 샐러드.
그린 샐러드는 잎채소를 주재료로 만드는 가장 간단한 샐러드다. 그래서 쉽고 빠르게 만들 수 있으며, 특별한 부재료가 필요하지 않아 경제적이다.
대신 잎채소의 궁합이 중요하다. 어떤 맛이 나는 잎채소를 선택하느냐에 따라 샐러드의 맛이 달라진다. 신선하고 아삭아삭한 맛, 쌉쌀한 맛, 때론 톡 쏘는 맛, 가볍고 부드러운 맛의 채소를 어울리게 선택하는 것이 포인트다.
그리고 올리브유와 식초, 때론 허브나 과일즙 등의 드레싱으로 채소의 맛을 한층 돋보이게 해주어야 한다. 잎채소만으로 심심하다 싶을 때는 토핑으로 품위를 더하는데, 크루통도 좋고 구운 마늘도 어울린다. 구운 견과류나 치즈를 더하면 샐러드의 맛이 업그레이드된다.

PART ONE. 그.린.샐.러.드.

Green Salad Basics

샐러드에 어울리는
채소 ➡ 잎채소 012쪽

무순
새싹 채소의 한 가지로 무의 싹을 뜻한다. 톡 쏘는 매운맛 덕분에 먹으면 입안이 상쾌해지므로 오리엔탈 샐러드나 해물 샐러드에 곁들이면 좋다.

보리순
부추와 비슷하게 생긴 보리순은 우유의 55배, 시금치의 18배가 넘는 칼륨과 칼슘이 들어 있다고 한다. 각종 영양 성분이 균형 있게 함유되어 있고, 부들부들하고 연한 맛이 일품이다.

알배기 배추
알배기 배추는 아삭한 느낌이 충분한 채소로 씹으면 씹을수록 고소하고 단맛이 우러나는 것이 특징. 드레싱에 오래 노출되어 있으면 수분이 빠져 쉽게 절여지는 듯한 느낌이 있으니 먹기 직전에 샐러드 드레싱을 끼얹어 내도록 한다.

영양부추
부추는 특유의 향기와 신선한 맛과 함께 살짝 매운맛이 감도는 채소. 길이가 짧고 부드러운 것이 좋은 부추이며 잎을 비볐을 때 신선한 부추 향이 살아 있는 것이 좋다.

달래
마늘이나 파와 같은 식용 풀로 단맛과 매운맛이 어우러져 있다. 달래는 이른 봄에 나는 것이 매운맛이 강하고, 알뿌리가 굵을수록 향이 더욱 좋다.

대추토마토 (체리토마토)
대추토마토는 방울토마토보다는 육질이 단단하고 신맛이 적으면서 단맛이 많다. 토마토를 꺼리는 아이들을 위해 토마토 대신 대추토마토를 넣어 샐러드를 만들면 잘 먹는다.

잎채소
손질하기

1. **잎채소는 손으로 뜯는다**
   아삭하고 얇은 잎채소는 칼을 쓰는 것보다 손으로 뜯는 것이 좋다.
   칼로 자르면 단면이 쉽게 검어지기 때문이다.
   단, 양배추나 배추처럼 도톰한 채소는 칼로 썬다.

2. **얼음물에 담가 아삭한 질감을 살린다**
   샐러드 채소를 찬물에 담가놓으면 보다 싱싱하고 아삭해진다.
   찬물보다 얼음물에 담그면 더 좋다.

3. **채소탈수기를 이용해 물기를 뺀다**
   얼음물에서 건진 채소는 채소탈수기에 넣고 돌리면
   채소가 으깨지지 않으면서 물기를 쉽고 간편하게 뺄 수 있다.
   잎채소뿐 아니라 채 썬 채소, 데쳐 찬물에 헹군 채소 등
   모두 채소탈수기를 이용해 물기를 뺀다.

4. **키친타월로 감싸 남은 물기를 제거한다**
   탈수한 채소는 키친타월에 놓고 가볍게 눌러 남은 물기를 없앤다.
   물기를 완전히 빼지 않으면 나중에 드레싱이 묽어진다.

5. **보관할 때는 지퍼백에 담아 냉장실에 둔다**
   샐러드는 먹기 직전에 냉장고에서 바로 꺼내 드레싱에 버무려야
   신선한 맛과 질감을 한껏 살릴 수 있다.
   손질한 채소를 지퍼백에 담아 냉장고 채소칸에 넣어두었다가 사용한다.

| 채소
| 데치기

1. 채소 손질을 미리 한다
브로콜리처럼 덩어리가 큰 것은 적당한 크기로 썰고,
아스파라거스 등은 껍질을 벗긴다.
미니 양배추 등은 누런 껍질을 떼고 씻는다.

2. 물이 팔팔 끓으면 소금과 채소를 넣는다
물이 완전히 끓기 전에 채소를 넣으면 데치는 시간이 길어지면서
채소의 맛이 빠져나가고 물컹거려 씹는 맛이 떨어진다.
채소를 데치는 물에 소금 1작은술 정도를 넣으면
채소의 색이 선명해진다.

3. 숨이 살짝 죽을 정도로만 데친다
샐러드용 채소는 완전히 익히지 않고 숨이 살짝 죽을 정도로만 데친다.
20초~1분 정도, 데치는 채소의 크기에 따라 시간을 조절한다.
또 냄비 뚜껑을 열고 데쳐야 채소의 색이 누렇게 변하지 않는다.

4. 얼음물에 담가 식힌다
데친 채소는 체로 건져 얼음물에 담가 재빨리 식힌다.
양이 많을 때는 수돗물을 분무기로 틀어놓은 상태에서
체에 쏟아 뜨거운 물을 따라낸 뒤 찬물에 채소를 담고,
물을 여러 번 갈아가며 식힌다.

5. 완전히 차게 식으면 물기를 뺀다
채소가 완전히 차게 식으면 채소탈수기를 이용해 물기를 뺀 뒤,
다시 한 번 키친타월에 감싸 지그시 눌러 물기를 제거한다.

| 양배추
채 썰기 |

장갑을 끼고, 채칼에 양배추나 무 등 채소의 단면을 대고 밀어준다.
채칼의 칼날을 이용해 채의 굵기를 조절할 수 있다.

| 토마토
손질하기 |

1. 방울토마토 또는 토마토는 윗면에 + 모양으로 칼집을 넣는다.
2. 팔팔 끓는 물에 토마토를 넣어 10초 정도 데친다.
3. 데친 토마토는 찬물이나 얼음물에 담가 식힌다.
4. 물에 담가놓은 상태에서 껍질을 벗긴다.
5. 4등분이나 8등분으로 썰어 씨를 발라낸다.
   씨를 제거해야 신맛도 없고 요리도 깔끔해진다.
6. 토마토 과육은 요리에 맞춰 잘게 다지거나 적당한 크기로 썬다.

green salad

구운 마늘을 뿌린 그린샐러드

마늘 드레싱
마늘 구운 올리브유 3큰술
레드 와인 식초 1큰술
소금 1/3작은술
후춧가루 약간

마늘을 구운 올리브유가 식으면,
레드 와인 식초와 소금, 후춧가루를
넣고 거품기로 잘 섞는다.

⊕
어울리는 드레싱
발사믹 올리브유 드레싱
바질 안초비 드레싱
레몬 드레싱 ❶ ❷
석류 드레싱
파슬리 드레싱
요구르트 드레싱
파르메산 치즈 드레싱
시저 드레싱

NOTE
채소 궁합 맞추기
적상추는 부드러운 맛이 나는 반면 라디
치오와 치커리는 살짝 쌉쌀한 맛이 돈다.
부드러운 맛의 채소만으로는 왠지 밋밋
하므로 쌉쌀하거나 시원한 맛의 채소를
섞어주는 것이 좋다. 또 붉은색과 푸른색
채소를 섞어 색감을 강하게 대비시키는
것도 샐러드를 더욱 먹음직스럽게 하는
비결이다.

라디치오 50g(3~4장)
치커리 50g
적로메인 상추 20g(3~4장)
마늘 40g(5쪽)
올리브유 3큰술

1. 마늘은 얇게 저며 팬에 올리브유 3큰술을 두르고 연한 갈색이
   돌 때까지 타지 않도록 부드럽게 저어가며 1~2분간 굽는다.

2. 볼에 체를 올리고 구운 마늘을 부어 올리브유를 따로 받는다.
   구운 마늘은 키친타월에 올려 기름을 충분히 뺀다.

3. 라디치오, 치커리, 적상추는 깨끗이 씻어 채소탈수기에 돌려
   물기를 빼고 먹기 좋은 크기로 뜯는다.
   채소를 모두 큰 볼에 담고 가볍게 섞는다.

4. 채소에 마늘 드레싱을 뿌리고 가볍게 버무려 그릇에 담고
   구운 마늘을 뿌린다.

마늘을 구워낸 올리브유로 드레싱을 만들기 때문에
기분 좋은 마늘 향이 샐러드 전체에 진하게 밴다.
라디치오와 치커리의 쌉쌀한 맛과 마늘 향이 어우러져 입 맛 을 돋 운 다.

시저샐러드

시저샐러드의 포인트는 안초비다.
우리나라의 액젓 같은 쿰쿰한 맛이 나기 때문에 처음에는 고개를 저을 수도 있지만 중독성이 강하다.
이 짭조름한 안초비와 달콤 쌉싸래한 로메인 상추의 조화가 시저샐러드의 매력이다.

시저 드레싱
안초비 3마리
마늘 1쪽
마른 태국고추 1개
케이퍼 6알
마요네즈 5큰술(50g)
디종 머스터드 1작은술
레몬즙 1½큰술
올리브유 1½큰술
황설탕 2큰술
소금 ¼작은술
후춧가루 약간

안초비와 마늘, 태국고추는 잘게 다진다.
믹서에 올리브유를 제외한
나머지 재료를 모두 넣고 간 뒤
올리브유를 넣어 다시 한 번 간다.

➕
어울리는 드레싱
발사믹 올리브유 드레싱
파르메산 치즈 드레싱
마늘 드레싱
홀렌다이즈 드레싱

로메인 상추 200g(큰 잎 10장 또는 ⅔포기)
베이컨 4장
크루통 1컵 ➡ 크루통 020쪽
파르메산 치즈 20g

1. 베이컨은 2cm 폭으로 썰어 팬에 넣고 기름이 쪽 빠지도록
   구운 뒤 키친타월에 올려 기름기를 뺀다.
2. 로메인 상추는 잎을 하나씩 떼어 잘 씻은 뒤 먹기 좋게 뜯어
   찬물에 담갔다가 건져 채소탈수기를 이용하여 나머지 물기를 뺀다.
3. 볼에 로메인 상추를 담고 시저 드레싱을 넣어 가볍게 버무린다.
4. 그릇에 샐러드를 담고 구운 베이컨과 크루통을 올리고,
   파르메산 치즈를 치즈강판에 갈아 뿌린다.
   한쪽에 안초비와 올리브를 곁들여도 좋다.

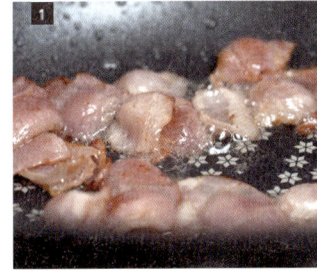

NOTE

시저샐러드의 고향은 이탈리아? 미국?
로메인 상추는 로마 사람들이 즐겨 먹었다고 해서 '로메인'이라는 이름이 붙었다. 그래서 시저샐러드 Caesar Salad라고 하면 로마의 줄리어스 시저를 생각하여 이탈리안 샐러드로 종종 오해하는데, 사실은 미국에서 대중화된 전형적인 미국식 샐러드다.
100년 전쯤 멕시코에 살고 있던 이탈리아 출신의 요리사 시저 카디니가 어느 날 레스토랑에서 재료가 다 떨어지자 남아 있는 재료를 몽땅 털어 넣고 만든 것이 시저 드레싱이고, 이것을 로메인 상추에 뿌려주면서 시저샐러드가 만들어졌다고 한다. 시저 샐러드는 아주 반응이 좋았는데, 이후에 시저가 LA로 이주해 이 드레싱을 통에 넣어 판매하면서 시저샐러드가 대중화되었다.
시저 드레싱은 짭조름한 안초비와 달걀노른자, 올리브유 등을 넣어 갈아 만드는데, 간편하게 마요네즈를 넣고 만들어도 된다. 크루통과 베이컨을 올리는데, 베이컨 대신 얇게 썬 햄을 생으로 곁들여도 훌륭하다.

green salad

토마토 안초비 드레싱 로메인샐러드

토마토 안초비 드레싱
방울토마토 200g(10~12개)
안초비 4마리
바질잎 3장
마른 태국고추 4개
다진 마늘 1작은술
레드 와인 식초 3큰술
올리브유 3큰술
황설탕 1큰술
소금 1/4작은술

⬇

잘게 썬 마른 태국고추에
레드 와인 식초를 넣고
고루 섞어 10분간 재운다.
바질잎은 채 썰고,
안초비는 잘게 다진다.
방울토마토는 칼집을 넣어
뜨거운 물에 슬쩍 데쳐
껍질을 벗긴 뒤 4등분 하여
씨를 발라내고 잘게 썬다.
볼에 태국고추, 다진 마늘,
방울토마토, 안초비, 바질잎,
올리브유, 황설탕, 소금을
넣어 잘 섞는다.

로메인 상추 200g(큰 잎 10장 또는 2/3포기)
양파 50g(중간 크기 1/4개)
파르메산 치즈 20g

1. 양파는 곱게 채 썰어 얼음물에 담갔다가 키친타월에 싸서 물기를 뺀다.
2. 로메인 상추는 잎을 한 장씩 떼어 씻은 뒤 얼음물에 담갔다가
   채소탈수기를 이용해 물기를 뺀다.
3. 토마토 안초비 드레싱에 채 썬 양파를 넣어 잘 버무린다.
4. 접시에 로메인 상추를 한 장 놓고 소스에 재운 양파를 고루 펼쳐 올린다.
   같은 방법으로 로메인 상추와 재운 양파를 올려가며 쌓고,
   파르메산 치즈를 치즈강판에 갈아 뿌린다.

어울리는 드레싱
파르메산 치즈 드레싱
레몬 드레싱 ❶ ❷, 양파 드레싱
요구르트 드레싱
발사믹 올리브유 드레싱

한국인이 좋아하는 감칠맛 나는 드레싱이 된다.
상큼한 토마토와 향긋한 바질에 짭조름한 안초비를 섞으면 신선하면서도
드레싱에 양파를 섞으면 아삭아삭한 맛이 더해지고, 로메인 상추처럼 물이 많은 채소에 잘 어울린다.

참깨 드레싱 양배추샐러드

일식 돈가스에 곁들이는 음식으로 빠지지 않는 양배추샐러드는
참깨 드레싱과 함께라면 고소한 맛이 배가된다.
참깨 드레싱에 미소된장을 넣으면 감칠맛과 함께 깊고 깔끔한 맛이 더해진다.

참깨 드레싱
마요네즈 1/2컵(85g)
간 양파 3큰술
간장 2작은술
미소된장 1/2큰술
식초 2큰술
참기름 1큰술
설탕 3큰술
깨소금 2큰술
소금 1작은술

볼에 재료를 모두 넣고
충분히 저어 섞는다.

어울리는 드레싱
요구르트 드레싱
일본풍 간장 드레싱
마요네즈 양파 드레싱

NOTE

채칼을 쓸 때는 장갑이 필수
양배추샐러드를 더 맛있게 만드는 비결은 고운 채에 있다. 곱게 채 썬 양배추는 씹는 맛도 좋고, 드레싱이 고루 묻어 고소한 맛도 더 강해진다. 일식집이나 레스토랑에서처럼 양배추 채를 곱게 썰기 위해서는 채칼을 사용하면 된다. 하지만 채칼에 자칫 손을 베일 수 있으므로 채칼을 사용할 때는 장갑 끼는 것을 잊지 말자.

양배추 200g(1/4통)
방울토마토 200g(10~12개)

1. 양배추는 채칼로 곱게 채 썬 다음 찬물이나 얼음물에 10~15분간 담가 아삭한 맛을 살린다.
2. 양배추를 건져 채소탈수기에 돌려 물기를 뺀다.
3. 방울토마토는 꼭지를 떼고 반으로 가른다.
4. 그릇에 양배추를 풍성하게 담고 가장자리에 방울토마토를 올린다. 참깨 드레싱을 끼얹는다.

미니 양배추는 너무 오래 데치면 물컹하고 씹는 맛이 안 좋아지므로 살짝 데쳐 재빨리 찬물에 식혀야 한다.
부드럽고 단맛이 나지만 자칫 밋밋할 수 있으므로, 쌉쌀하고 향긋한 쑥갓을 넣어 풍미를 더한다.

쑥갓을 더한 미니 양배추샐러드

레몬 드레싱 ❶
레몬즙 1/4컵
설탕 1작은술
소금 1/2작은술
후춧가루 약간
올리브유 1/2컵

▽

레몬즙에 설탕, 소금, 후춧가루를 넣고
고루 저어 설탕을 녹인다.
여기에 올리브유를 조금씩 나눠 넣으며
거품기로 충분히 저어
기름이 분리되지 않게 섞는다.

어울리는 드레싱
마늘 드레싱
발사믹 드레싱
올리브유 드레싱
오렌지 드레싱

NOTE

레몬즙을 쉽게 짜려면?
레몬즙은 스퀴저를 이용해 짜는데, 생각
보다 쉽지 않다. 요리 고수들의 비법은 레
몬을 바닥에 놓고 힘을 주어가며 충분히
굴려주는 것. 이렇게 하면 단단한 레몬이
약간 부드러워진다. 레몬을 반으로 잘라
스퀴저에 놓고 누르며 돌리면 즙이 잘
나온다. 또 레몬즙에 올리브유 등의 기름
을 섞다 보면 쉽게 분리되는데, 이때 기름
을 조금씩 흘려 넣어가며 충분히 저어주
면 잘 분리되지 않고 고루 섞인다.

미니 양배추 400g
쑥갓 잎 20g(1컵)
베이컨 3장
크루통 2컵 ➡ 크루통 020쪽

1. 미니 양배추는 겉잎을 한 장씩 떼어 손질하고,
   뭉쳐진 속잎은 반으로 자른다. 쑥갓은 씻어서 연한 잎만 뗀다.

2. 끓는 물에 소금을 약간 넣고, 미니 양배추를 넣어 30초간 데친 후
   찬물이나 얼음물에 담가 식힌다.
   채소탈수기에 넣고 돌리거나 키친타월에 감싸 물기를 뺀다.

3. 베이컨은 2cm 폭으로 썰어 팬에 한 장씩 떼어 넣고 바삭해지도록
   2~3분간 굽는다.

4. 큰 볼에 양배추와 쑥갓 잎, 베이컨, 크루통을 섞은 뒤
   레몬 드레싱을 3~4큰술 넣어 가볍게 버무려서 그릇에 담는다.
   남은 드레싱은 곁들인다.

green salad

적양배추 온㎲ 샐러드

카레가루를 넣은 드레싱에 재워 맛을 들인 뒤 재빨리 볶아 따뜻하게 즐기는 온 샐러드다.
채소를 재웠던 드레싱을 걸러서 다시 드레싱으로 끼얹어줘야 샐러드가 싱거워지지 않는다.

카레 드레싱
화이트 와인 식초 1큰술
올리브유 3큰술
간장 1큰술
오렌지 농축액 1작은술
꿀 1/2큰술
생강즙 1작은술
설탕 1큰술
카레가루 1/3작은술
고춧가루 1/8작은술
소금 1/2작은술

재료를 한데 담고 고루 섞는다.

어울리는 드레싱
발사믹 드레싱

적양배추 200g(큰 것 1/2통)
셀러리 40g(굵은 것 2/3줄기)
양파 60g(중간 크기 1/4개)
구운 아몬드 5개
올리브유 1큰술

1. 적양배추와 양파는 얇게 채 썬다. 셀러리는 얇고 어슷하게 썬다. 구운 아몬드는 잘게 다진다.
2. 볼에 적양배추, 셀러리, 양파를 담고 카레 드레싱을 넣어 버무려 10분간 재운다.
3. 드레싱에 재운 채소는 체에 밭쳐 드레싱을 따로 받는다.
4. 달군 팬에 올리브유를 두르고 열이 충분히 오르면 채소를 넣어 재빨리 볶는다. 채소에 윤기가 돌고 살짝 나른해질 정도로 2~3분간 볶는다.
5. 볶은 채소를 그릇에 담고, 따로 받아둔 드레싱을 고루 끼얹은 뒤 다진 아몬드를 뿌린다.

콜리플라워 브로콜리샐러드

크랜베리 드레싱
블루 치즈 50g
마른 크랜베리 ¼컵(40g)
화이트 와인 식초 2큰술
올리브유 2큰술
브랜디 ½작은술

⌄

말린 크랜베리는 잘게 썰어 볼에 담고,
화이트 와인 식초를 넣어
고루 섞어 30분 이상 재운다.
재워둔 크랜베리에 블루 치즈를
손으로 부수듯이 찢어 넣고,
올리브유, 브랜디를 넣어
치즈를 으깨어가며 고루 섞는다.
브랜디 대신 화이트 와인을 써도 좋다.

⊕
어울리는 드레싱
마요네즈 양파 드레싱
마요네즈 드레싱
치즈 마요네즈 드레싱
요구르트 드레싱

콜리플라워 200g(⅓송이)
브로콜리 250g(작은 것 1송이)
호두 5알

1. 호두는 마른 팬에 담고 약한 불에서 노릇하게 구워 식힌 뒤 손으로 잘게 부순다.

2. 브로콜리는 송이송이 잘라 큰 것은 반으로 썬 뒤 끓는 물에 소금을 약간 넣어 30초~1분간 데쳐 건진다.

3. 데친 브로콜리는 찬물이나 얼음물에 담가 완전히 식힌 뒤 채소탈수기를 이용하여 물기를 충분히 뺀다.

4. 콜리플라워는 0.7~1cm 두께로 슬라이스한다.
콜리플라워는 생으로 먹는 것이 씹는 맛도 좋다.

5. 큰 볼에 브로콜리와 콜리플라워, 크랜베리 드레싱을 넣어 고루 버무린 뒤 그릇에 담고 호두를 뿌린다.

바질의 달콤한 향과 안초비의 쿰쿰한 향이 루콜라와 잘 어우러지는 샐러드다.
여기에 프로슈토 햄처럼 쿰쿰한 맛이 나는 햄을 더하면 깊고 신선한 맛이 전해진다.

바질 드레싱 루콜라샐러드

바질 안초비 드레싱
바질잎 1컵(10g)
안초비 2마리
올리브유 ½컵
소금 ¼작은술

바질잎과 안초비는 굵게 다져
올리브유, 소금과 함께
믹서에 부드럽게 간다.

✚
어울리는 드레싱
애플민트 드레싱
발사믹 올리브유 드레싱
홀그레인 머스터드 드레싱

보코치니 치즈 180g
방울토마토 400g(20~24개)
프로슈토 햄(슬라이스) 8장
루콜라 50g(1줌)

1. 방울토마토는 칼집을 넣어 끓는 물에 10초간 데친 뒤
   찬물에 담갔다가 껍질을 벗긴다.
2. 보코치니 치즈와 방울토마토를 볼에 담고 바질 안초비 드레싱을 넣어
   고루 섞은 다음 냉장고에서 30분간 숙성시키며 마리네이드한다.
3. 루콜라는 찬물에 담갔다가 싱싱해지면 깨끗이 씻어
   채소탈수기에 돌려 물기를 뺀다.
4. 그릇에 보코치니 치즈와 방울토마토 마리네이드한 것을 담고
   루콜라를 듬뿍 올린 뒤 프로슈토 햄을 얹는다.
   다시 루콜라를 올리고 마리네이드에서 나온 드레싱을 뿌린다.

NOTE

동글동글 쫄깃한 보코치니 치즈
보코치니 치즈는 방울토마토처럼 동글동글하게 생겨 '체리 보코치니 치즈'라고도 불리며 고소하고 쫄깃하게 씹히는 맛이 좋다. 대형 마트나 수입 식품 전문점에서 구할 수 있는데, 프레시 보코치니가 없으면 냉동 보코치니 치즈를 사용해도 좋고, 생모차렐라 치즈를 깍두기 모양으로 썰어 사용해도 된다.

green salad

시금치 샐러드

시금치는 달달한 맛이 있어 생으로 즐겨도 좋으며,
달콤하고 부드러운 요구르트 드레싱을 얹으면 시금치의 풋내를 잠재울 수 있다.
시금치 샐러드는 토르티야나 샌드위치 등에 곁들였을 때 진가를 발휘한다.

요구르트 드레싱
플레인 요구르트 1통(80g)
마요네즈 2큰술(20g)
레몬즙 1큰술
다진 마늘 ½작은술
설탕 1작은술
소금 ⅓작은술
흰 후춧가루 약간

재료를 한데 담고 고루 섞는다.

➕

어울리는 드레싱
양파 드레싱
치즈 마요네즈 드레싱
마요네즈 양파 드레싱

시금치 100g
마늘 40g(5쪽)
양파 100g(중간 크기 ½개)
베이컨(두툼한 것) 4장
토마토 180g(큰 것 1개)
올리브유 2큰술
토르티야 4장
파르메산 치즈 적당량
소금·후춧가루 약간씩

1. 시금치는 찬물에 담갔다가 물기를 뺀다.
   마늘은 얇게 썰고, 양파는 사방 1cm 크기로 썬다.
   베이컨은 1cm 폭으로 썬다.

2. 토마토는 끓는 물에 살짝 데쳐 껍질을 벗긴 뒤 4등분 해서
   씨를 긁어내고 양파와 같은 크기로 썬다.

3. 팬에 올리브유를 두르고 열이 오르면 약한 불로 줄여
   마늘과 양파를 노릇하게 볶다가 베이컨을 넣어 볶는다.
   토마토를 넣고 소금, 후춧가루로 간해 슬쩍 볶아 불에서 내린다.

4. 토르티야를 마른 팬에 한 장씩 올려 앞뒤로 노릇하게 굽는다.

5. 볶은 토마토와 시금치를 고루 섞어 그릇에 담는다.
   요구르트 드레싱을 고루 뿌리고 파르메산 치즈를 갈아 뿌린다.
   구운 토르티야를 곁들여 내어 시금치샐러드를 올려 싸 먹는다.

NOTE

생으로 먹는 시금치가 부담스러울 때는 루콜라
시금치는 부드러운 잎으로 준비하는데, 겨울을 지난 시금치는 단맛이 가장 좋을 때라서 봄에 먹기 좋은 샐러드다. 시금치가 부담스럽다면 루콜라로 대신한다.

홀렌다이즈 드레싱 수란샐러드

홀렌다이즈 드레싱은 홀란드가 네덜란드를 의미하듯 네덜란드에서 유래한 소스다.
녹인 버터에 달걀노른자를 조금씩 넣어가며 휘핑해 노른자가 익지 않도록 섞는 게 포인트다.
삶거나 찐 채소 요리나 달걀, 생선 요리에 잘 어울린다.

홀렌다이즈 드레싱
버터 4큰술(50~60g)
달걀노른자 2개
식초 2작은술
다진 파슬리 1작은술
소금 1/4작은술
흰 후춧가루 약간

버터를 중탕으로 녹인 뒤 잠시
그대로 두어 윗부분의 분리된
버터기름을 숟가락으로
살짝 떠내어 따로 둔다.
달걀은 노른자만 분리해서
볼에 담고 떠낸 버터 기름을
조금씩 넣어가며 거품기로 젓는다.
여기에 식초를 넣고
흰색을 띨 때까지 충분히 저은 후
다진 파슬리, 소금, 흰 후춧가루를
넣어 고루 섞는다.

어울리는 드레싱
요구르트 드레싱

달걀 4개
아스파라거스 280g(큰 것 8줄기)
베이컨 8장
어린잎 채소 40g(브로콜리순 등 적당량)
식초 1큰술
소금 약간

1. 달걀은 볼에 하나씩 깨어놓는다. 팔팔 끓는 물에 소금과 식초를 넣고, 숟가락으로 휘저어 가운데가 오목하게 들어가게 회오리를 만든다.
2. 물 회오리가 생기면 가운데에 깨어놓은 달걀을 넣고 불을 약하게 줄여 2~3분간 익혀 건진다.
3. 아스파라거스는 필러로 줄기의 껍질을 벗긴다.
4. 팔팔 끓는 물에 아스파라거스를 살짝 데쳐 얼음물에 건져 식힌다. 키친타월로 감싸 물기를 없앤다.
5. 베이컨은 2등분 하여 달군 팬에 노릇하게 굽는다.
6. 그릇에 수란, 아스파라거스, 베이컨, 어린잎 채소를 보기 좋게 담고, 수란과 채소에 홀렌다이즈 드레싱을 끼얹는다.

NOTE

수란을 예쁘게 만드는 요령
넉넉한 양의 물을 끓이다가 냄비 안을 숟가락으로 빠르게 휘저어 가운데에 물 회오리를 만든다. 이 물 회오리 가운데에 달걀을 넣으면, 원심력으로 달걀이 흐트러지지 않고 가운데로 모이기 때문에 수란을 예쁘게 만들 수 있다. 이 샐러드는 에그베네딕트에서 빵을 제외한 샐러드로 잉글리시 머핀을 구워 곁들이면 에그베네딕트가 된다.

부추 달래샐러드

드레싱을 따로 만들지 않는 초간단 한식 샐러드.
부추와 달래는 매운맛과 향이 강하므로
참기름과 매실청만으로 본연의 맛과 향을 살린다.

영양부추 50g
달래 100g
양파 100g(중간 크기 1/2개)

양념
매실청 1큰술
소금 1/2작은술
깨소금 1큰술
참기름 2작은술

어울리는 드레싱
당근 드레싱
마늘 드레싱
검은깨 드레싱

1. 영양부추는 손질해서 깨끗이 씻은 뒤 물기를 털고 4~5cm 길이로 썬다.
2. 달래는 뿌리 부분의 껍질을 잘 손질한 뒤 가지런히 정리해 뿌리 부분은 2cm 길이로 썰고 줄기 부분은 영양부추와 같은 길이로 썬다.
3. 양파는 곱게 채 썰어 찬물에 담갔다가 건져 부추, 달래와 함께 채소탈수기에 돌려 물기를 뺀다.
4. 채소를 볼에 담고 매실청과 소금, 깨소금을 뿌려 잘 버무린 후 참기름을 넣어 가볍게 버무린다. 상에 내기 직전에 버무려 바로 접시에 소복하게 담는다.

NOTE

고기 요리에 어울리는 영양부추와 달래
영양부추, 달래, 양파 등 매운 채소들을 이용한 어른들을 위한 한식 샐러드. 재료를 찬물에 잠시 담가두었다가 건져 씹는 맛을 살리고 양파는 아린 맛을 빼는 것이 중요하다. 매실청을 좀 더 넣어 달게 즐겨도 좋고, 매실청 대신 설탕을 섞어도 좋다. 고기 요리에 곁들이면 소화도 잘되고 입맛이 깔끔해진다.

새순 배추샐러드

피시소스 드레싱
피시소스 1/3컵
라임즙 1/3컵
참기름 1 1/2큰술
황설탕 1/3컵
소금 1/4작은술
후춧가루 약간

볼에 재료를 모두 담고
설탕이 녹을 정도로 저어 섞는다.
라임즙 대신 레몬즙을 써도 좋고,
피시소스 대신 멸치액젓 2 1/2큰술을
넣어도 된다.

+
어울리는 드레싱
액젓 드레싱
된장 드레싱
유자청 드레싱

알배기 배추 400g(1/2포기)
당근 50g(1/4개)
무순 50g
보리순 20g

1. 배추는 잎을 한 장씩 떼어 깨끗이 씻어 물기를 뺀 뒤 길이 방향으로 먹기 좋게 가른다.
2. 당근은 얇고 어슷하게 썰어 곱게 채 썬 다음 배추에 넣는다.
3. 무순과 보리순은 볼에 담아 여러 번 씻어 체에 받쳐 물기를 뺀다.
4. 볼에 배추, 당근, 무순, 보리순을 담고, 피시소스 드레싱을 2/3 정도 넣어 가볍게 섞어 그릇에 담는다. 남은 드레싱은 기호에 따라 가감한다.

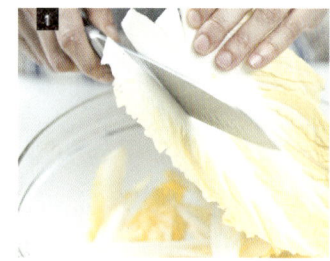

NOTE

동남아식 샐러드는 피시소스, 우리나라는 액젓
흔한 재료인 알배기 배추로 쌈이나 겉절이만 즐기는 것에서 살짝 탈피하는 동남아식 샐러드. 피시소스는 사실 까나리액젓이나 멸치액젓과 맛이 비슷하기 때문에 우리 입맛에 잘 맞는 간단한 샐러드가 될 수 있다. 당근은 아작아작 씹히는 맛과 단맛을 더해주는 채소로 배추샐러드의 맛을 좋게 한다.

알배기 배추는 씹을수록 고소한 맛이 나는데,
매운맛의 무순과 이른 봄이면 나오는 풋풋한 보리순을 한데 섞어
감칠맛 나는 피시소스 드레싱으로 버무리면
반찬으로도 좋고 고기 요리와도 잘 어울린다.

열매채소와 뿌리채소가 더해진 채소 샐러드.
당근, 감자, 연근, 우엉 등의 뿌리채소와 토마토, 파프리카, 가지, 콩, 오이 등의 열매채소 그리고 표고, 양송이, 느타리, 새송이 등의 버섯까지. 잎채소만으로 뭔가 허전함이 느껴질 때 뿌리채소와 열매채소, 버섯을 더하면 단맛과 상큼한 향, 때론 아작아작 씹히는 맛이 더해지면서 그린 샐러드와는 또 다른 매력적인 맛을 선사한다.
채소 샐러드의 포인트는 뿌리채소, 열매채소, 버섯과 잎채소의 조합이다. 담백한 채소에는 청량감이 느껴지거나 쌉쌀한 맛이 나는 잎채소를 더하고, 상큼한 맛과 시원한 맛의 채소끼리 어울리게 짝을 짓는다. 또한 생으로도 넣지만, 재료에 따라 찌거나 구워 넣는 등 변화를 줄 수 있다. 그리고 채소 샐러드는 포만감을 주는 샐러드로 간식이나 간단한 한 끼 식사로 즐길 수 있다. 칼로리가 낮으면서 섬유질이 풍부해 다이어트 메뉴가 되기도 한다.

PART TWO. 열.매.와 뿌.리.채.소. 샐.러.드.

Vegetable Salad

Vegetable Salad Basics

| 샐러드에 어울리는
| 열매와 뿌리채소 |

모둠 콩
완두, 강낭콩, 작두콩, 검은콩, 울타리콩, 흰콩 등 여러 가지 콩들을 모아 섞은 모둠 콩. 일반 마트에서는 구하기 어렵지만, 재래시장에서는 손쉽게 구할 수 있다. 집에 있는 마른 콩을 물에 하룻밤 충분히 불려 사용해도 된다. 통조림 콩은 불리지 않고 사용할 수 있다.

감자 & 알감자
상처가 없고 단단하며 무거운 것이 좋다. 햇감자는 수분이 많아 쪄서 으깨는 샐러드에는 적합하지 않다. 대신, 썰어서 섞는 샐러드에는 햇감자를 쓰면 충분한 수분감과 찰기를 느낄 수 있다. 알감자는 껍질째 사용하는 감자 요리에 적당하다. 매끈매끈하고 싹이 나지 않은 것을 고르고, 냉장 보관할 때는 물기를 제거하고, 실온에서는 서늘한 곳에서 보관한다.

토마토
자칫 과일로 착각하기 쉽지만, 토마토는 엄연히 열매채소다. 겉껍질에 윤기가 흐르고 상처가 없으며 꼭지가 신선한 것일수록 좋은 토마토이다. 토마토씨는 배를 아프게 할 수 있고 물기도 너무 많으므로 씨를 긁어내고 쓴다.

당근
과육은 단단하지만, 씹을수록 단맛과 청량감이 감도는 뿌리채소다. 생으로 먹어도 좋고 익혀 먹어도 좋은데, 아이들이 싫어하는 경우가 많다. 가늘게 채 썰어 여러 가지 재료와 믹스하면 당근을 꺼리는 아이들도 거부감 없이 잘 먹는다.

그린 빈스
껍질콩이라고도 불리는데 껍질째 먹는 콩이다. 콩 특유의 비릿한 맛이 없고 씹으면 아스파라거스처럼 톡톡 터지며 아삭거린다. 끓는 물에 딱 4분 정도만 데쳐 찬물에 재빨리 헹군다.

래디시
보통 생으로 먹으며, 단맛과 매운맛이 적절히 어우러져 부담스럽지 않다. 샐러드 외에 피클, 김치 등으로 만들어도 좋다.

청오이
오이는 수분이 많고 아삭한 맛과 향이 뛰어나 샐러드의 단골 재료다. 신선한 오이일수록 육질이 단단하고, 시간이 지나 무른 오이는 쓴맛이 강하다. 샐러드에는 백오이보다 수분이 적은 청오이가 어울린다.

주키니 호박
돼지호박이라고 불리는 주키니 호박은 애호박보다 훨씬 길고 크다. 진한 녹색에 무늬가 있는 모양으로 애호박보다는 약간 쓴맛이 느껴지며 물기가 적어 구워서 곁들이는 샐러드에 어울린다.

연근
생으로 먹으면 아삭아삭하며 수분감이 충만하다. 살짝 익히면 떨떠름한 맛이 없어지면서 아삭함은 그대로 간직하게 된다. 살짝 볶아 아작아작 씹히게 조리해도 좋다.

우엉
우엉은 대표적인 알칼리성 식품으로 뿌리채소의 향과 풍미를 가득 가지고 있다. 씹는 맛이 특히 좋아, 기름에 살짝 볶거나 끓는 물에 데친 다음 여러 가지 샐러드 재료와 곁들여 맛과 영양을 더한다.

가지
짙은 보랏빛의 가지는 기름을 잘 흡수하는 성질이 있고, 기름을 흡수하면 더욱 부드러워진다. 기름을 써서 구우면 리놀렌산과 비타민 E 등을 많이 섭취할 수 있다. 너무 익으면 물컹거려 맛이 없으므로 센 불에서 재빨리 굽는다.

비트
특유의 단맛과 씹는 맛이 좋고, 비타민과 미네랄이 풍부한 비트. 생으로 먹어도 좋지만, 익히면 단맛이 증가하며, 샐러드 토핑 재료로도 손색이 없다.

양파
알싸하고 달콤한 맛이 매력적인 양파. 수분이 풍부하며 생으로 먹는 것이 건강에 좋다. 독특한 매운맛과 향 때문에 찬물에 잠시 담가 아린 맛을 빼고 쓴다. 적양파는 수분과 매운맛이 적은 대신 씹는 느낌이 좋다.

고구마
고구마는 전분과 섬유질이 많고 단맛이 풍부한 채소다. 비타민 C가 많이 함유되어 있어 익히는 것보다 생으로 샐러드에 쓰는 것이 더욱 좋다.

셀러리
셀러리는 미나리과에 속하는 향이 강한 채소로, 생으로 먹으면 그 향이 더욱 진하고 쓴맛이 강하여 각종 해산물 또는 육류가 들어간 샐러드와 잘 어울린다. 마요네즈처럼 고소한 맛을 내는 드레싱을 곁들이면 서로 맛이 중화된다.

옥수수 통조림
고소하고 달달한 맛이 일품인 옥수수는 칼로리가 아주 낮으면서 포만감이 커 다이어트에 좋은 식품. 옥수수에 들어 있는 단맛은 식욕을 억제하는 효과가 있다.

양송이버섯
양송이버섯은 육질이 특히 단단한 버섯으로, 생으로 먹으면 비리지만 열을 가하면 구수하면서도 쫄깃해 샐러드에 곁들이기 좋다.

새송이버섯
비릿한 맛이 적어 생으로 얇게 썰어 먹어도 좋고, 구우면 쫄깃하면서 달달한 맛이 감돌아 마치 고기를 씹는 느낌을 주어 고기 대용으로 써도 좋다.

표고버섯
참나무 향기가 은근히 배어 있는 인기 버섯. 생으로 먹어도 좋고, 구우면 그 향이 더욱 강해지면서 불 향이 감돌아 더욱 감칠맛 나는 버섯 요리를 즐길 수 있다.

느타리버섯
쿰쿰한 냄새가 나고 구우면 물기가 많아져 축축해지기 때문에, 참기름이나 향이 있는 다른 종류의 기름을 섞거나 발라 구우면 맛과 향, 씹는 느낌이 훨씬 좋아진다.

팽이버섯
팽이버섯은 버섯 특유의 냄새가 적고 아삭하게 씹는 질감이 좋아 생것 그대로 샐러드에 쓰기에 가장 적합한 버섯이다. 열을 가하면 숨이 죽으므로 생으로 넣는다.

황금송이버섯
팽이버섯과 모양이 비슷하지만 비릿한 맛이 강하여 살짝 볶거나 데쳐 샐러드 재료로 사용하는 것이 좋다.

뿌리채소 & 열매채소
손질하기

오이

1. 오이는 소금을 뿌리고 문질러 씻은 뒤 물에 헹군다.
   껍질의 돌기 부분을 쓸어내듯 대충 벗겨 초록의 색감을 살린다.
2. 작은 모양으로 썰 때 길게 반으로 가른 뒤 씨 부분을 파낸다.
3. 그대로 썰거나, 더 작은 크기를 원하면 길이로 다시 반 가른 뒤 썬다.
4. 얇게 슬라이스할 때는 감자 깎는 필러를 이용해 오이를 저민다.

그린 빈스

1. 깨끗이 씻은 다음 요리에 따라 그대로 쓰거나 반으로 썬다.
2. 팔팔 끓는 물에 소금을 조금 넣어 그린 빈스를 넣고 4분간 데친다.
   바로 건져 찬물에 담가 식힌 뒤 물기를 뺀다

vegetable salad 087

 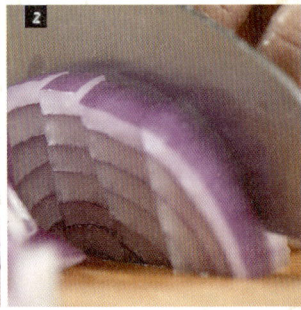 

양파

1. 반 가른 뒤 길이대로 곱게 채 썬다.
2. 작은 크기로 썰 때는 칼집을 길이로 낸 뒤 가로 방향으로 다시 한 번 썬다.
3. 찬물이나 얼음물에 양파를 잠시 담가두면 맵고 아린 맛이 빠진다.

가지

1. 깨끗이 씻어 꼭지 부분을 잘라낸다.
2. 길이대로 길게 슬라이스한다.
   필러를 이용하면 너무 얇게 저며지므로 칼로 썰고, 요리에 따라 어슷하게 썰어도 된다.

뿌리채소 & 열매채소
그릴 팬에 굽기

1. 그릴 팬은 충분히 달궈 열이 오르면 붓을 이용해 올리브유나 다른 기름을 고루 바른다.

2. 달군 팬에 버섯이나 채소를 놓고 구워, 검게 구운 자국이 생기면 뒤집는다.

3. 오래 구우면 채소가 물러지고 물이 나오므로 구운 자국이 충분히 생기면 꺼내 바로 식힌다.

신선한 채소에 질 좋은 올리브유와 식초만 뿌려 먹는 이탈리아 가정식 샐러드.
어떤 채소에도 잘 어울리는 초간단 샐러드 비법이다.

이탈리안 믹스 샐러드

알감자 400g
그린 빈스 120g
블랙 올리브 50g(7개)
완숙 토마토 300~340g(큰 것 2개)
로메인 상추 100g(4~5장)
(또는 양상추 1/4통)
적상추 40g(5~6장)
엑스트라 버진 올리브유 2큰술
소금 1/3작은술
레드 와인 식초 1큰술
다진 이탈리안 파슬리 3큰술
후춧가루 약간

어울리는 드레싱
시저 드레싱
올리브유 드레싱
레몬 드레싱 ❶ ❷
크랜베리 드레싱

1. 알감자는 껍질째 깨끗이 씻어 김이 오른 찜기에 넣어 20분간 찐다.
   찐 알감자는 식혀 반으로 썬다.
2. 그린 빈스는 끓는 물에 소금을 약간 넣고 4분간 데쳐
   찬물에 재빨리 헹군 뒤 물기를 빼고 반으로 썬다.
3. 볼에 알감자와 그린 빈스를 담고 올리브유 1큰술과 소금을
   뿌려 가볍게 버무린다.
4. 블랙 올리브는 반으로 갈라 씨를 뺀다.
   토마토는 웨지 모양으로 8등분 한다.
5. 로메인 상추 또는 양상추는 깨끗이 씻어 잎을 한 장씩 떼어
   먹기 좋게 뜯는다.
6. 감자가 담긴 볼에 올리브, 토마토, 로메인 상추 또는 양상추를 넣고
   가볍게 섞은 뒤 올리브유 1큰술, 레드 와인 식초, 후춧가루,
   다진 파슬리를 넣고 고루 버무려 그릇에 담는다.

NOTE

썰어 절인 올리브는 짠맛을 뺀다
통째로 절여져 있는 올리브를 사용하는
것이 좋지만, 송송 썰어 절여놓은 올리브
를 사용할 때는 잠시 찬물에 담가 짠맛을
조금 우려내는 것이 좋다. 믹스 샐러드에
알감자 대신 감자를 쪄서 먹기좋게 썰어
넣어도 된다.

온^溫 채소 간단 샐러드

참깨 드레싱
간 양파 3큰술
마요네즈 1/2컵
간장 4작은술
미소된장 1/2큰술
식초 2큰술
참기름 1큰술
설탕 3큰술
깨소금 2큰술
소금 1작은술

재료를 한데 담고 고루 섞는다.

⊕
어울리는 드레싱
마요네즈 드레싱
마요네즈 양파 드레싱

브로콜리 100g(1/3송이)
아스파라거스 100g(4줄기)
당근 100g(큰 것 1/2개)
감자 150g(중간 크기 1개)
고구마 150g(중간 크기 1개)
참깨 드레싱 4큰술

1. 브로콜리는 한 송이씩 떼어 큰 것은 반으로 가른다.
   아스파라거스는 4등분으로 토막 내고, 두꺼운 것은 반으로 가른다.
   당근은 껍질을 벗겨 도톰하게 둥근 모양을 살려 썬다.

2. 감자와 고구마는 껍질을 벗겨 브로콜리와 비슷한 크기로 대충 썬다.

3. 감자와 고구마는 한데 섞어 담고 랩을 씌워 전자레인지에서 2분 30초간 익힌다. 브로콜리, 아스파라거스, 당근도 각각 볼에 담고 랩을 씌워 전자레인지에 1분 30초씩 익힌다.

4. 익힌 채소는 볼에 담고 참깨 드레싱을 넣어 버무려 그릇에 담는다. 남은 드레싱은 볼에 담아 곁들인다.

NOTE
전자레인지에 채소 익히기
온 채소 샐러드를 만들 때는 채소의 물을 최소화해야 한다. 전자레인지에 채소를 익히면, 수분이 적당히 빠지면서 채소의 단맛이 살아난다. 전자레인지가 없으면 찜기에 찐다.

뿌리채소나 브로콜리 같은 덩어리 채소는 데치려면 번거롭고 시간도 많이 걸린다.
전자레인지에 익히면 편리한데,
채소를 너무 익히면 맛이 없으므로 살캉거리게 씹히도록 익혀야 한다

카프레제는 이탈리아의 카프리 섬에서 유래되었다.
초록색의 바질과 하얀 치즈, 빨간 토마토가 어우러진 모습은 이탈리아의 국기를 상징한다.
식전 애피타이저로도 좋고 와인 안주로도 어울린다.

토마토 카프레제

발사믹 올리브유 드레싱
올리브유 3큰술
레몬즙 4작은술
발사믹 식초 1작은술
소금 ¼작은술
후춧가루 약간

볼에 올리브유와 레몬즙, 소금,
후춧가루를 넣고 거품기로 충분히 저어
섞은 뒤 발사믹 식초를 섞는다.
》레몬 드레싱 4큰술에
발사믹 식초 1작은술을 섞어 써도 된다.

＋
어울리는 드레싱
레몬 드레싱 ❶
바질 안초비 드레싱

NOTE

활용도 높은 바질, 집에서 키우기
바질은 달콤한 향이 일품이어서 각종 드
레싱과 고기 요리, 해산물 요리 등 서양요
리에 많이 쓰이는 허브. 말린 바질가루
를 쓰기도 하지만, 신선한 단맛과 향이 사
라지기 때문에 신선한 바질이 들어가는
요리에는 꼭 생바질잎을 사용하도록 한
다. 봄이 되면 바질 화분을 쉽게 구할 수
있다. 바질은 햇볕과 공기가 잘 통하면 쑥
쑥 잘 자라는데, 맨 위로 올라오는 바질잎
부터 똑똑 떼어 사용한다. 그래야 바질이
높게 자라지 않으면서 새순이 계속 올라
와 영양분 가득한 바질을 키울 수 있다.

모차렐라 치즈 300g(2개)
완숙 토마토 300~340g(큰 것 2개)
바질잎 10장
소금·후춧가루 약간씩
레몬즙 2~3큰술

1. 모차렐라 치즈는 0.5cm 두께로 둥근 모양을 살려 썬다.
   토마토도 같은 두께로 둥근 모양을 살려 썬다.

2. 넓은 접시에 토마토와 모차렐라 치즈를 펼쳐 담고
   소금과 후춧가루를 앞뒤로 고루 뿌린다.

3. 다시 모차렐라 치즈 위에 레몬즙을 골고루 끼얹는다.

4. 접시에 토마토, 모차렐라 치즈, 바질잎의 순서로 재료들을
   돌려 담은 뒤 드레싱을 뿌린다.

vegetable salad

B.L.T. 샐러드

BLT샐러드는 베이컨(B), 레터스(L, 양상추), 토마토(T)로 만든 샐러드라는 뜻으로, 레터스 대신 로메인 상추를 넣어도 된다.
BLT샐러드는 파니니, 치아바타 등의 빵에 넣어 샌드위치로 즐겨도 맛있다.

치즈 마요네즈 드레싱
마요네즈 1/4컵(4큰술)
파르메산 치즈가루 2큰술
레몬즙 1큰술
다진 레몬 껍질 1작은술

로메인 상추 300g(1포기)
(또는 양상추 1/2통)
베이컨 8장
방울토마토 400g(20~24개)
소금 약간
구운 바게트 8조각 정도

볼에 재료를 모두 넣고 고루 섞어 잠시 두었다가 샐러드에 뿌린다.

1. 로메인 상추의 꼭지를 자르고 길이 방향으로 4등분 한다.
   (또는 양상추는 꼭지를 잘라내고 4등분 한다.)
2. 팬을 불에 올려 열이 오르면 베이컨을 넣어 앞뒤로 노릇하게 굽는다.
3. 베이컨에서 나온 기름이 남아 있는 팬에 방울토마토를 넣고 소금을 약간 뿌려 볶는다.
4. 접시 한쪽에 로메인 상추를 담고, 구운 베이컨과 토마토를 올리고 드레싱을 뿌린다. 한쪽에 구운 바게트를 곁들인다.

어울리는 드레싱
요구르트 드레싱
발사믹 올리브유 드레싱
파르메산 치즈 드레싱
토마토 안초비 드레싱

NOTE

방울토마토 오븐에 굽기
방울토마토는 충분히 달군 팬에 후다닥 볶아야 물컹거리지 않게 구워진다. 또는 방울토마토를 올리브유 1~2큰술에 버무려 170~180℃로 예열된 오븐에서 10분 정도 구워도 은근한 단맛이 나서 좋다.

찹 샐러드

요리 용어로 찹chop은 '채소나 고기를 잘게 썬다'는 의미로,
찹 샐러드는 재료를 잘게 썰어 만든 샐러드다.
아삭한 맛, 달콤한 맛, 시원한 맛 그리고 향이 강한 맛 등
다양한 맛의 채소를 넣는 것이 포인트다.

레몬 드레싱 ❷
올리브유 2큰술
레몬즙 1작은술
꿀 1작은술
소금 1/3~1/2작은술
후춧가루 약간

∨

볼에 드레싱 재료를 넣고
거품기로 잘 섞는다.

어울리는 드레싱
유자청 드레싱
석류 드레싱
파슬리 드레싱
레몬 드레싱 ❶
현미유 드레싱

강낭콩 통조림 400g(1캔·2컵)
오이 180g(1개)
양상추 150g(1/4통)
셀러리 25g(1/2줄기)
노랑·주황 파프리카 50g씩(1/4개씩)
양파 100g(중간 크기 1/2개)
이탈리안 파슬리 2줄기

1. 강낭콩은 체에 밭쳐 물기를 뺀다.

2. 오이는 길게 반으로 갈라 작은 숟가락으로 씨를 긁어낸 뒤
   다시 길게 반으로 갈라 2cm 폭으로 썬다.

3. 양상추는 사방 2cm 크기로 썰고, 셀러리도 같은 크기로
   깍둑썰기 한다. 파프리카는 씨를 제거하고 사방 2cm 크기로 썬다.
   이탈리안 파슬리 1줄기는 다진다.

4. 볼에 준비한 채소를 모두 담고, 먹기 직전에 다진 이탈리안 파슬리와
   레몬 드레싱을 뿌려 가볍게 버무린 다음 그릇에 담는다.
   남은 이탈리안 파슬리잎을 뜯어 올린다.

시저 드레싱 감자샐러드

셀러리는 특유의 강한 향이 나고 적양파는 볶으면 단맛이 증가한다.
셀러리와 적양파를 함께 볶아 넣으면 기분 좋은 단맛과 셀러리 향이
담백한 감자 샐러드에 고루 배어 맛이 좋아진다.

시저 드레싱
안초비 3마리
마늘 1쪽
마른 태국고추 1개
케이퍼 6알
마요네즈 5큰술(50g)
디종 머스터드 1작은술
레몬즙 1½큰술
황설탕 2큰술
소금 ¼작은술
후춧가루 약간
올리브유 1½큰술

안초비와 마늘, 태국고추는
잘게 다진다. 믹서에 올리브유를
제외한 재료를 모두 넣고 간 뒤
올리브유를 넣어 다시 한 번 간다.

➕
어울리는 드레싱
바질 안초비 드레싱
발사믹 드레싱
레몬 드레싱 ❶ ❷

감자 300g(중간 크기 2개)
적양파 80~100g(½개)
셀러리 50g(1줄기)
로메인 상추 120g(6~7장)
올리브유 1큰술
파르메산 치즈 40g
소금·후춧가루 약간씩

1. 감자는 깨끗이 씻어 김이 오른 찜기에 넣고 푹 찌거나
   껍질째 랩으로 감싸 전자레인지에 8~10분간 돌려 익힌다.
   삶은 감자는 껍질을 벗겨 사방 2cm 크기로 썬다.

2. 적양파는 사방 2.5cm 크기로 썰고, 셀러리는 1cm 길이로 썬다.
   로메인 상추는 한 장씩 떼어 흐르는 물에 씻은 뒤 물기를 털어내고
   한입 크기로 뜯는다.

3. 팬에 올리브유를 두르고 적양파와 셀러리를 넣어 소금, 후춧가루를
   뿌려서 약간 갈색이 나게 볶은 다음 키친타월에 올려 기름을 뺀다.

4. 볼에 감자, 적양파, 셀러리, 시저 드레싱을 넣고 버무린 뒤
   로메인 상추와 섞어 접시에 담는다.
   파르메산 치즈는 치즈강판에 갈아 샐러드 위에 듬뿍 뿌린다.

vegetable salad

석류 드레싱 모둠 콩샐러드

석류 드레싱
석류즙 1/4컵(석류 작은 것 1개 분량)
올리브유 1작은술
레드 와인 식초 1작은술
레몬즙 1/2작은술
다진 마늘 1쪽(5g)
소금 1/3작은술

석류는 8등분 하여 딱딱한 껍질을
벗겨낸 뒤 손으로 꾹 눌러 즙을 짠다.
석류 과즙기를 이용해도 좋다.
석류즙은 나머지 재료와 고루 섞는다.

＋
어울리는 드레싱
유자청 드레싱
레몬 드레싱 ❶❷

NOTE

모둠 콩을 찔 때는
모둠 콩은 강낭콩, 완두콩, 작두콩, 노란콩, 흑태, 서리태 등 다양한 콩이 섞인 것이다. 물에 씻은 뒤 김이 오른 찜기에 면보를 깔고 그대로 올려 20분 정도 찐다. 찐 콩을 살짝 볶아 드레싱과 버무리면 콩 특유의 부드러운 질감과 고소한 맛이 상큼한 석류 드레싱과 잘 어울린다. 말린 콩을 사용할 때는 충분히 불려 삶거나 찌도록 한다. 삶은 콩은 냉장고에 넣어 식혀도 되지만 너무 오래 보관하면 콩이 퍽퍽하고 딱딱해진다.

모둠 콩 270g(2컵)
양상추 100g(3~4장)
소금 1/3작은술
올리브유 1큰술

1. 모둠 콩 생것은 김이 오른 찜기에 면보를 깔고 20분간 찌고, 말린 것은 하루 동안 미지근한 물에 담가 충분히 불렸다가 찌거나 삶는다.

2. 팬에 올리브유를 두르고 콩을 넣어 소금을 뿌려가며 가볍게 볶는다. 볶은 콩은 펼쳐 식힌다.

3. 양상추는 얼음물에 담갔다가 싱싱해지면 채소탈수기를 이용해 물기를 빼고 사방 2cm 크기로 썬다.

4. 큰 볼에 콩과 양상추를 담고 석류 드레싱을 반만 넣어 가볍게 섞는다. 그릇에 담고 남은 석류 드레싱을 끼얹는다.

석류 드레싱은 새콤하고 향긋해서 담백한 콩과 잘 어울린다.
석류즙을 그대로 짜서 쓰는 것이 좋지만, 시판하는 석류즙을 써도 된다.
콩만 넣으면 퍽퍽하니 아삭한 양상추 등의 채소를 더해 씹는 즐거움을 더한다.

비트 온^溫 샐러드

비트는 생으로 즐기는 것보다 잘게 썰어 익히면 단맛이 나서 샐러드 재료로 훌륭하다.
고소한 검은깨 드레싱과 잘 어울리고,
한식 요리에 전채로 내어 입맛을 돋워도 좋다.

검은깨 드레싱
검은깨가루 2큰술
화이트 와인 식초 4큰술
설탕 1큰술
참기름 3큰술
포도씨유 2큰술
소금 1/3작은술
후춧가루 약간

볼에 재료를 모두 넣고
고루 섞는다.

+

어울리는 드레싱
발사믹 올리브 드레싱
당근 드레싱

비트 100g(작은 것 1개)
양파 200g(중간 크기 1개)
다진 이탈리안 파슬리 1/3작은술

1. 비트는 껍질을 벗기고 사방 1cm 크기로 깍둑썰기 하고, 양파도 비트와 같은 크기로 썬다.
2. 내열 용기에 비트와 양파를 담고 검은깨 드레싱을 넣어 버무린다.
3. 김이 오른 찜통에 비트가 담긴 내열 용기를 넣어 10분간 찐다.
4. 찐 비트와 양파에 다진 이탈리안 파슬리를 넣어 고루 버무린 뒤 접시에 담고 남은 드레싱을 끼얹는다.

NOTE

비트(beet)와 비트잎
속살이 빨간 비트는 단맛이 나는 무의 일종으로 매끄럽고 단단한데, 얇게 썰면 아삭아삭한 맛이 난다. 대부분은 잘게 썰어 삶거나 구워 요리하며, 통조림으로 만들거나 향신료로 쓰기도 하고, 소스에 이용하기도 한다. 비트의 어린잎은 부드러우면서 씹히는 질감이 좋아 샐러드 채소로 많이 활용되는데, 리보플래빈, 철, 비타민 A·C가 풍부하다.

구운 잣을 싸 먹는 가지샐러드

가지 400g(4개)
구운 잣 50g(1/2컵)
➡ 구운 잣 024쪽
애플민트 2줄기(3~4g)
이탈리안 파슬리 1줄기(5g)
엑스트라 버진 올리브유 3~4큰술
소금 적당량
후춧가루 약간
발사믹 식초 2큰술

어울리는 드레싱
애플민트 드레싱
발사믹 올리브유 드레싱

1. 애플민트와 이탈리안 파슬리는 잎을 떼어 반은 곱게 다지고 나머지 반은 그대로 둔다.

2. 가지는 길이 방향으로 0.5~0.7cm 두께로 납작하게 썬다.

3. 그릴 팬에 올리브유를 고루 바르고 열이 충분히 오르면 가지를 올려 소금을 뿌려가며 앞뒤로 노릇하게 굽는다. 센 불에서 재빨리 구워야 한다.

4. 굽던 가지에 다진 민트와 파슬리, 후춧가루를 고루 뿌린 뒤 발사믹 식초를 군데군데 뿌려가며 구워 넓은 접시에 펼쳐 식힌다.

5. 그릇에 가지를 펼쳐 담고 볶은 잣을 수북이 올리고, 남은 애플민트와 파슬리를 잘게 뜯어 고루 뿌린다. 가지에 잣을 충분히 올려 돌돌 말아 먹는다.

NOTE

그릴 팬에 채소 & 고기 굽기

줄무늬 골이 있는 그릴 팬은 채소나 고기를 구우면 갈색으로 탄 줄무늬가 생겨 음식을 훨씬 먹음직스럽게 해주는 효과가 있다. 굽기 전에 팬에 오일을 뿌리기만 하면 고루 묻지 않으므로 반드시 붓이나 키친타월로 문질러 고루 묻혀야 한다. 또 팬이 충분히 달궈진 뒤 채소나 고기를 올려야 즙이 많이 빠지지 않고 줄무늬가 예쁘게 생긴다.

드레싱을 따로 만들지 않고 가지를 구우면서 그대로 허브와 발사믹 식초를 뿌려 향긋하고 상큼한 맛을 더하는데, 구운 잣을 싸 먹으면 맛이 환상적이다. 가지를 너무 익히면 물컹하고 흐물거리므로 살짝 익으면 바로 꺼내 식힌다.

가지에 잣을 올려놓고

돌 돌 말 아 서 먹 는 다 .

양파 **토마토**샐러드

토마토와 양파는 궁합이 좋긴 하지만 자칫 맛이 심심할 수 있다.
감칠맛 나는 안초비와 향긋한 바질, 매운맛의 디종 머스터드를 더한 드레싱이라면
입맛이 확 돌아오는 샐러드로 변신, 고기나 기름진 요리의 훌륭한 사이드 메뉴가 된다.

안초비 비니거 드레싱
마늘 1쪽(5g)
안초비 6개
디종 머스터드 ½작은술
화이트 와인 식초 2큰술
엑스트라 버진 올리브유 4큰술
바질잎 6장

마늘과 안초비는 굵게 다진다.
믹서에 올리브유를 제외한
모든 재료를 넣고 곱게 간다.
올리브유를 넣고 믹서를 잠시 돌려 간 뒤
바질잎을 넣어 다시 돌려 고루 섞는다.

➕
어울리는 드레싱
토마토 안초비 드레싱
오렌지 머스터드 드레싱
레몬 드레싱 ❶ ❷
파르메산 치즈 드레싱
홀그레인 머스터드 드레싱

완숙 토마토 700g(큰 것 4개)
적양파 180~200g(1개)
이탈리안 파슬리 1줄기
바질잎 6장
소금·후춧가루 약간씩

1. 적양파는 반으로 갈라 곱게 채 썰어 찬물에 담가
   아린 맛을 뺀 뒤 채소탈수기에 돌려 물기를 뺀다.

2. 토마토는 웨지 모양으로 8등분 하거나, 꼭지 부분을
   완전히 자르지 않아 꽃처럼 펼쳐지게 한다.

3. 이탈리안 파슬리는 굵게 다지고, 바질잎은 채 썬다.

4. 접시에 토마토를 담고 가운데 채 썬 적양파를 올린 뒤
   소금과 후춧가루를 가볍게 뿌린다.
   드레싱을 끼얹고 파슬리와 바질을 뿌린다.

NOTE

양파와 적양파, 색깔 말고 뭐가 다르지?
양파와 적양파는 샐러드에 자주 쓰이는
채소다. 흰 양파는 단맛과 아린 맛이 많
고, 수분이 많은 편이다. 반면 적양파는
수분이 훨씬 적어 아삭아삭하지만, 단맛
은 흰 양파보다 적다. 둘 다 섞어 써도 되
지만, 양파의 수분감과 단맛을 즐기고 싶
다면 흰 양파를 사용하는 것이 좋다.

구운 파프리카 버섯샐러드

캠핑이나 야외 바비큐 파티에서 쉽게 해 먹을 수 있는 메뉴다.
은은한 향의 버섯과 달짝지근한 맛이 나는 파프리카 등의 채소를
센 불에서 겉만 살짝 익게 구워 발사믹 드레싱에 버무리기만 하면 완성이다.

발사믹 드레싱
발사믹 글레이즈 2작은술
올리브유 2큰술
다진 양파 1작은술
다진 마늘 1/2작은술
꿀 1/2큰술
소금 1/3작은술
바질잎 2장

바질잎은 잘게 다진 뒤
나머지 재료와 한데 담고
충분히 저어 섞는다.

➕
어울리는 드레싱
발사믹 올리브유 드레싱
올리브 드레싱

새송이버섯 2개
표고버섯 4개
느타리버섯 100g(크게 1줌)
양송이버섯 100g(5~6개)
초록·빨강·노랑 파프리카 100g씩(1/2개씩)
아스파라거스 160g(큰 것 4줄기)
올리브유 1큰술
소금 약간
바질잎 5장

1. 버섯은 겉면을 닦는다. 새송이버섯은 도톰하게 모양을 살려 썰고 표고버섯은 4등분 한다. 느타리버섯은 큰 것은 반으로 가르고, 양송이버섯은 그대로 쓴다.

2. 볼에 버섯을 모두 담고 올리브유와 소금을 약간 뿌려 고루 섞어 잠시 재운다.

3. 파프리카는 2cm 폭으로 길게 썬다. 아스파라거스는 껍질을 벗긴 뒤 끓는 물에 1분간 데쳐 얼음물에 담가 식힌 뒤 물기를 뺀다.

4. 그릴 팬에 올리브유를 붓이나 키친타월로 고루 묻힌 뒤 열이 충분히 오르면 버섯과 파프리카, 아스파라거스를 올리고 소금을 뿌려가며 먹음직스럽게 굽는다.

5. 구운 버섯과 채소에 드레싱을 넣고 버무려 그릇에 담는다. 바질잎을 얹는다.

NOTE

버섯, 맛있는 조리법
버섯은 은은한 향과 함께 살짝 익혔을 때 부드럽게 씹히는 맛이 일품이다. 버섯은 절대 물에 씻지 않고 먼지만 털어내어 사용하는 것이 중요하다. 스펀지처럼 물을 빨아들이기 때문에 물에 씻으면 조리 시 물을 뱉어내면서 양념을 빨아들이지 못해 질퍽하고 맛이 없어진다.
대신, 올리브유를 뿌려 재빨리 섞으면 겉에 코팅 막이 생겨 조리 시 버섯이 수분을 밖으로 내뿜지 않아 향이 좋은 버섯 요리를 만들 수 있다. 또한 센 불에 재빨리 구워야 향이 날아가지 않고 씹는 맛이 좋아진다.

vegetable salad

구운 치즈를 곁들인 가지샐러드

석류 드레싱
절인 올리브 1/2컵(50g)
올리브유 3큰술
레드 와인 식초 1큰술
소금·후춧가루 약간씩

∨

올리브는 블랙이나 그린으로 준비해,
굵게 다져 볼에 넣고
나머지 재료를 고루 섞은 뒤
잠시 재워둔다.

+
어울리는 드레싱
홀그레인 머스터드 드레싱
안초비 비니거 드레싱

가지 200g(2개)
할루미 치즈 180g
토마토 300g(큰 것 2개)
바질잎 5g(1/2컵)
소금 약간

1. 가지는 꼭지 부분을 잘라내고 모양을 살려 길고 얇게 썬다.
2. 할루미 치즈는 도톰하게 썬다. 토마토는 둥근 모양을 살려 할루미 치즈와 비슷한 두께로 썬다.
3. 가지와 할루미 치즈를 큰 볼에 담고 올리브유를 고루 섞어 겉면에 오일 코팅이 되도록 한다.
4. 그릴 팬에 올리브유를 바르고 달군 뒤 가지와 할루미 치즈를 올려 1~2분간 색이 나게 굽는다. 이때 가지에 소금을 약간 뿌려가며 굽는다.
5. 가지, 토마토, 할루미 치즈, 바질잎을 고루 담고 올리브 드레싱을 충분히 끼얹는다.

NOTE

구워 먹는 할루미 치즈
할루미 치즈 halloumi cheese는 구워 먹는 치즈로 하얗고 단단하며, 탄력 있는 섬유질의 질감이다. 원래 중동의 베두인족이 만들어 먹던 치즈였는데, 보존성이 좋아 유목민의 생활 방식에 이상적이어서 터키, 그리스까지 널리 퍼져 나가 그리스 치즈로 많이 알려지게 되었다.
얇게 썬 할루미 치즈는 뜨거운 팬에 올려 겉이 바삭바삭하고 황금빛을 띠며 속은 부드러울 때까지 굽는다. 샐러드에 피타빵을 곁들여도 잘 어울린다.

신선한 토마토와 담백한 가지에 할루미 치즈를 구워 곁들이면
짭조름하면서 고소하고, 또 독특한 맛이 더해진다.
드레싱에 올리브를 다져 넣으면 씹는 맛과 함께 자연스런 짠맛이 더해져 특별한 맛이 난다.

당근샐러드

당근 드레싱은 아삭하고 물기 있는 채소와 잘 어울린다.

후춧가루나 고춧가루, 고추를 넣으면 매콤한 맛의 당근 드레싱이 되는데,

채소에 버무리면 또 다른 맛의 샐러드가 된다.

당근 드레싱
당근 100g(큰 것 ½개)
양파 35g(작은 것 ¼개)
간장 1큰술
참치액 1큰술
물 2큰술
식초 4큰술
포도씨유 3큰술
황설탕 3큰술
소금 약간

당근과 양파는 굵게 다진 뒤
나머지 재료와 함께 믹서에 넣어
곱게 간다.

➕
어울리는 드레싱
양파 드레싱
일본풍 간장 드레싱
석류 드레싱

당근 200g(큰 것 1개)
양파 120g(작은 것 1개)
(또는 적양파 1개)
로메인 상추 150g(½포기)
양상추 130g(4장)

1. 당근은 얇고 어슷하게 썬 다음 곱게 채 썬다.
   양파는 곱게 채 썰어 찬물에 담가 아린 맛을 뺀 뒤 물기를 뺀다.
2. 로메인 상추와 양상추는 잎을 떼어 깨끗이 씻은 뒤
   먹기 좋은 크기로 뜯는다. 모두 채소탈수기에 돌려 물기를 뺀다.
3. 로메인 상추와 양상추는 한데 섞어 그릇에 담고,
   당근과 양파를 섞어 수북이 올린다.
4. 샐러드에 당근 드레싱을 끼얹는다. 남은 드레싱은 볼에 담아 곁들인다.

NOTE
남은 당근 드레싱 활용법
당근 드레싱은 달달하면서도 은은한 향이 있고, 간장을 넣어 감칠맛도 난다. 튀긴 두부나 밀가루를 입혀 지진 두부에 곁들이면 잘 어울린다. 또 남은 당근 드레싱은 먹다 남긴 카레에 넣어 끓여도 맛있고, 여기에 우동면을 넣어 끓이면 풍미 있는 카레우동이 된다.

vegetable salad

간장 드레싱 뿌리채소샐러드

간장 드레싱을 곁들인 뿌리채소샐러드는 아삭아삭 씹는 질감이 잘 살아나는 동양풍 샐러드다. 쯔유를 만들어 쓰면 좋겠지만, 참치액을 넣어 간단하게 만드는 것이 이 샐러드의 포인트.

간장 드레싱
간장 2작은술
참치액 1큰술
물 1큰술
풋고추 1개

우엉 50g(1/3뿌리)
연근 150g(1뿌리)
당근 100g(큰 것 1/2개)
무 20g(2cm 1토막)
적양배추 20g(1장)
치커리 또는 교나 30g
참기름 2큰술
식용유 1큰술

풋고추를 송송 썰어 볼에 담고
나머지 양념을 넣어 고루 섞는다.

1. 우엉은 껍질을 벗기고 길게 채 썰어 물에 담가 갈변을 막는다.
2. 연근은 반으로 길게 갈라 얇게 썰어 찬물에 담갔다가 볶기 직전에 채소탈수기를 이용하여 물기를 충분히 뺀다.
3. 당근, 무는 우엉과 같은 크기로 채 썰고, 적양배추도 곱게 채 썬다. 치커리 또는 교나는 먹기 좋게 찢는다.
4. 팬에 식용유를 두르고 우엉, 연근, 당근을 나른하게 볶다가 간장 드레싱을 넣어 물기가 없어질 때까지 볶는다. 다 볶아지면 넓은 접시에 펼쳐 한 김 식혀 더 이상 물러지지 않게 한다.
5. 무, 적양배추, 치커리 또는 교나를 볼에 담고, 볶은 채소를 넣어 고루 버무려 그릇에 담는다.

어울리는 드레싱
일본풍 간장 드레싱

NOTE

뿌리채소, 샐러드로 즐기기
연근과 우엉, 당근 같은 뿌리채소는 생으로 즐겨도 좋다. 하지만 기름 두른 팬에 재빨리 볶아내면 아삭아삭 씹히는 맛이 살아나면서 채소의 단맛이 자연스레 배어나 풍미 있는 샐러드를 만들 수 있다. 뿌리채소는 단단하기 때문에 얇게, 또는 가늘게 썰어야 빨리 익는다.

김에 싸 먹는 버섯샐러드

버섯은 살짝 구웠을 때 은은한 향도 그대로 살아 있고 씹는 맛도 좋다.
구운 버섯을 김과 로메인 상추에 싸 먹는 맛은 특별하다.
양파 드레싱이 달고 부드러운 맛을 더한다.

양파 드레싱
채 썬 양파 150g(작은 것 1개 분량)
현미식초 5큰술
다진 마늘 ½작은술
설탕 2큰술
소금 1½작은술
카놀라유 또는 현미유 ½컵

채 썬 양파는 30분 정도
물에 담가 매운맛을 뺀다.
양파는 물기를 빼서 믹서에 넣고,
카놀라유를 뺀 모든 재료를 넣어
퓌레 상태가 되도록 간다.
여기에 카놀라유를 세 번에
나눠 넣어가며 간다.

표고버섯 4개
양송이버섯 6개
로메인 상추 300g(1포기)
재래 김 3장

1. 표고버섯과 양송이버섯은 먼지를 털어낸 뒤
   표고버섯은 반으로 썰고, 양송이는 그대로 쓴다.
   달군 석쇠에 버섯을 모두 올려 소금을 솔솔 뿌려가며 슬쩍 굽는다.
2. 로메인 상추는 뿌리 부분을 잘라내고 큰 잎은 길게 반으로 가른다.
3. 김은 석쇠에 올려 앞뒤로 슬쩍 구워 먹기 좋게 자른다.
4. 그릇에 구운 버섯과 로메인 상추, 김을 올리고
   로메인 상추와 버섯에 양파 드레싱을 뿌린다.
   김에 로메인 상추와 버섯을 올려 싸 먹는다.

NOTE

쓰임새 많은 버섯
동서양을 막론하고 버섯만큼 다양하게 즐기는 재료도 드물다. 버섯은 샐러드나 나물은 물론 전골이나 찌개, 고기 요리, 수프 등 메인 요리의 훌륭한 동반자가 되기도 한다. 표고버섯은 말린 것이 비타민 D도 풍부하고 향도 좋지만, 구워 먹기에는 생표고버섯이 좋다. 양송이버섯은 부드럽고 향이 좋으며 소화 기능에 도움을 준다. 버섯은 항암 효과가 있다.

PART THREE. 과.일.샐.러.드.

미각과 후각, 시각을 모두 만족시키는 아름다운 과일 샐러드.
달콤한 향과 과즙, 화려한 색감, 신선한 식감……. 그래서 과일 샐러드는 아침이나 브런치 샐러드로, 파티 샐러드로, 디저트 샐러드로 인기가 많다. 만드는 방법 또한 그린 샐러드만큼이나 간단하다. 과일만으로도 충분하고, 잎채소나 채소 몇 가지만 곁들여도 만족스럽다.
드레싱도 레몬즙이나 자체 과일즙에 신맛과 단맛을 약간만 더하면 과일의 맛이 한 층 좋아진다. 바질이나 민트 등을 넣어 허브 향을 더해도 좋다.
과일 샐러드에 가장 잘 어울리는 토핑은 고소한 맛을 내는 견과류로, 과일에 부족한 영양을 보충하고 고소한 맛을 추가할 수 있다. 치즈와 허브도 물론 잘 어울린다.
단, 과일은 껍질을 벗기거나 잘라놓으면 과즙이 빠져나오고 향이 옅어지므로 내기 직전에 바로 잘라서 요리해야 맛있게 즐길 수 있다.

Fruit Salad Basics

| 샐러드에 어울리는
과일

바나나
탄수화물 함량이 많은 바나나. 입에 넣으면 으깨지는 느낌과 단맛이 특징이다. 색이 금세 갈변하므로 먹기 직전에 잘라 넣는다.

그린 키위 & 골드 키위
그린 키위는 신맛이 강하게 감도는 과일로 식이섬유가 풍부해 다이어트하는 사람들에게 적합한 샐러드 재료이다. 골드 키위는 신맛보다는 단맛이 강조되며, 그린 키위보다 달고 과육도 훨씬 부드러워 아이들이 좋아한다.

멜론
멜론은 특유의 단맛과 충만한 수분, 부드러운 과육이 잘 어우러져 있다. 물이 많이 나오는 재료이기 때문에 샐러드로 만들 때는 드레싱을 먹기 직전에 뿌려야 한다.

적포도
청포도와 마찬가지로 신맛과 단맛이 어우러진 포도. 여러 가지 적포도가 있지만, 샐러드 만들 때는 껍질째 먹을 수 있는 거봉을 쓰면 편하다.

청포도(머스캣)
신맛이 강하게 돌면서 단맛이 감싸고, 살짝 떫은맛까지 나는 청포도. 씨가 없어 샐러드 재료로 사용하기에 좋고, 과육이 단단해서 여러 가지 재료와 믹스해도 으깨지는 일이 없다.

블루베리
안토시아닌을 다량 함유한 과일로 눈 건강에 좋다. 톡톡 터지는 느낌이 좋고 물이 많이 생기지 않아 드레싱의 맛이 조금 세도 특유의 질감을 잘 느낄 수 있다.

딸기
달콤한 향이 좋은 딸기는 쌉쌀한 채소와도 아삭한 채소와도 잘 어울린다. 또한 다른 샐러드나 요리의 토핑으로 써도 좋은 과일이다. 무르지 않고 단단하면서 과육을 잘랐을 때 안이 촘촘하게 잘 채워진 것이 신선하다.

오렌지 & 자몽 & 스위티
시트러스 계열의 과일인 오렌지와 자몽, 스위티는 단맛과 신맛과 쌉쌀한 맛이 공존하는 과일로, 특유의 톡톡 터지는 과육이 일품이다. 단맛과 신맛의 정도로는 오렌지-스위티-자몽 순서지만, 모두 식욕을 자극하는 향이 좋아 과일 샐러드는 물론 해물 샐러드와도 잘 어울린다.

아보카도
불포화지방산을 다량 함유한 아보카도는 자칫 느끼할 수도 있지만 신선한 해물이나 청량감 있는 채소와 섞으면 산뜻하게 즐길 수 있다. 으깨거나 믹서에 갈아 오일 대신 드레싱 재료로 이용하면 특별한 맛을 선사한다.

단감
잘 익은 단감은 단감 특유의 떫은맛은 사라지면서 단맛이 증가하고, 과육이 야들해지면서 쫀득한 느낌을 준다. 자칫 물이 많이 나올 수 있으니, 먹기 전에 버무리거나 드레싱을 더하는 것이 좋다.

배
유난히 수분이 충만하면서 단맛이 풍부한 과일. 아삭아삭하게 씹히면서 입안에서 물이 터지는 느낌이 있어 여러 가지 샐러드 재료들과 함께 섞어 쓰기에 적합하다.

사과
적당한 단맛과 신맛, 단단한 과육이 샐러드 드레싱과 만나면 더욱 신선해진다. 과육이 단단하고 아삭한 맛이 있는 사과가 샐러드 재료로 잘 어울린다.

수박
수박 역시 단맛과 충만한 수분이 어우러진 과일. 아삭아삭 씹히는 과육이 있고 식이섬유가 많아 다이어트에 효과적인 샐러드 재료다. 물이 많기 때문에 먹기 직전에 드레싱을 뿌리는 것이 좋다.

마른 크랜베리
짙은 적색을 띠는 크랜베리는 생으로도 좋지만, 말리면 단맛이 상승한다. 심장 질환과 암 예방에 좋은 프로안토시아닌 성분을 함유하고 있다. 생과를 구하기 어려우므로 냉동이나 마른 크랜베리를 주로 쓴다.

호두
견과류의 대표 재료 중 하나인 호두. 고소한 맛과 쌉쌀한 맛이 어우러져 아작아작 씹히는 느낌이 일품이다. 여러 가지 샐러드에 토핑 재료로 넣기에 더없이 좋다.

fruit salad

과일 손질하기

아보카도

1. 과육에 칼을 넣어 씨를 중심으로 반으로 가르는데, 가운데 씨는 억지로 자르려고 하지 말도록.
2. 칼로 가운데 씨를 찍어 빼낸다.
3. 잘 익은 아보카도는 씨 부분에 손을 넣고 껍질을 들어 그대로 벗길 수 있다.
4. 껍질이 단단할 때는 칼로 껍질을 벗긴다.
5. 모양대로 얇게 썰어 그대로 쓰거나 다시 한 번 썬다. 색이 변하지 않도록 레몬즙을 뿌려둔다.

오렌지

1. 오렌지의 양 끝을 자른다. 과육이 함께 잘릴 정도로 도톰하게 자른다.
2. 알맹이를 감싸고 있는 속껍질이 두꺼우므로 칼로 썰어내듯 껍질을 두껍게 벗긴다.
3. 오렌지는 여러 쪽이 붙어 있는데, 사이에 칼을 넣어 과육만 한쪽씩 발라낸다.

126 fruit salad

 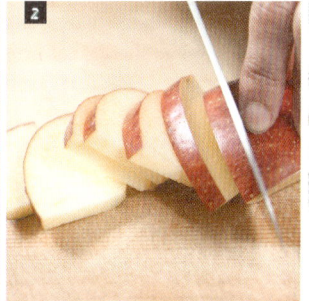 

사과

1. 샐러드에 넣는 사과는 껍질째 쓴다.
   깨끗이 씻어 반으로 가른 뒤 씨 부분을 도려내고
   반달 모양으로 얇게 썬다.

2. 좀 더 작은 모양을 원하면 4등분을 해서 가운데 씨를 빼고
   가로 방향으로 도톰하게 썬다.
   도톰하게 썬 상태에서 채 썰어도 된다.

3. 썰어놓은 사과는 설탕을 약간 섞은 물(물 3컵에 설탕 2큰술)에
   담가놓아야 갈색으로 변하지 않는다

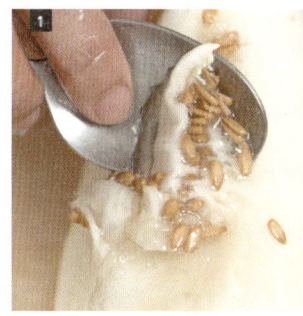 

멜론

1. 길이로 반 가른 뒤, 작은 것은 반쪽을 3등분 하고,
   큰 것은 4등분 한다.
   가운데 씨 부분을 숟가락으로 떠낸다.

2. 과육과 껍질 사이에 칼집을 넣어 과육만 바른다.
   끝 부분은 남겨놓은 뒤, 껍질 위에서 과육만 한입 크기로
   다시 한 번 썬다.

딸기의 달콤한 맛과 향을 한껏 즐길 수 있는 샐러드다.
아삭한 로메인 상추와 쌉싸래한 루콜라가 딸기의 맛을 한층 돋보이게 한다.
아이들과 함께 먹을 때는 요구르트 드레싱도 어울린다.

딸기 샐러드

양파 드레싱
채 썬 양파 150g(작은 것 1개 분량)
현미식초 5큰술
다진 마늘 ½작은술
설탕 2큰술
소금 1½작은술
카놀라유 또는 현미유 ½컵

채 썬 양파는 30분 정도
물에 담가 매운맛을 뺀다.
양파는 물기를 빼어 믹서에 넣고,
카놀라유를 뺀 모든 재료를 넣어
퓌레 상태가 되도록 간다.
여기에 카놀라유를 세 번에
나눠 넣어가며 간다.

어울리는 드레싱
요구르트 드레싱
오렌지 드레싱
치즈 마요네즈 드레싱

딸기 500g(16~17개)
양파 50g(중간 크기 ¼개)
로메인 상추 70g(4장)
루콜라 50g(1줌)
구운 호두 10개 ➔ 구운 호두 024쪽
양파 드레싱 4큰술

1. 딸기는 꼭지를 떼고 반으로 썬다.
2. 양파는 곱게 채 썰어 찬물에 담가 아린 맛이 빠지면
   채소탈수기로 물기를 뺀다.
3. 로메인 상추는 깨끗이 씻어 물기를 턴 다음 먹기 좋게 찢고,
   루콜라는 뿌리를 잘라내고 깨끗이 씻어 물기를 턴다.
4. 접시에 루콜라를 나란히 담는다. 볼에 딸기와 양파, 로메인 상추를
   담아 가볍게 섞은 뒤 루콜라 위에 소복이 올린다.
5. 구운 호두를 뿌리고 양파 드레싱을 끼얹는다.

fruit salad

스위티 자몽샐러드

오렌지 드레싱 ❶
오렌지 농축액 2큰술
엑스트라 버진 올리브유 4큰술
소금 ½작은술
후춧가루 약간

볼에 드레싱 재료를 모두 넣어
거품기로 충분히 섞는다.

➕
어울리는 드레싱
올리브유 드레싱
요구르트 드레싱

스위티 2개
자몽 2개
오렌지 1개
엔다이브 150g(1½포기)
레드 치커리 25g(20장)
적로메인 상추 50g(6~7장)

1. 엔다이브는 뿌리 부분을 잘라내고 잎을 하나씩 뗀 다음
   깨끗이 씻어 물기를 뺀다. 큰 잎은 길이 방향으로 반 가른다.

2. 레드 치커리와 적로메인 상추는 깨끗이 씻어 물기를 빼고
   먹기 좋게 찢는다.

3. 스위티, 자몽, 오렌지는 껍질을 두껍게 벗겨낸 뒤
   속살에 칼집을 넣어 과육만 발라낸다.

4. 큰 볼에 엔다이브, 레드 치커리, 적로메인 상추를 넣고
   오렌지 드레싱을 절반만 넣어 버무린 뒤 오렌지, 자몽, 스위티 과육과
   나머지 드레싱을 넣어 가볍게 버무려 그릇에 담는다.

사과와 쿰쿰한 고르곤졸라 치즈를 함께 먹는 맛이 색다르다.

애플민트를 잘게 다져 넣은 드레싱이 신선한 향까지 더한다.

사과를 최대한 얇게 썰어 설탕물에 담가 갈변을 막는 게 포인트다.

치즈를 얹은 사과샐러드

애플민트 드레싱
애플민트 2~3줄기(2g)
레몬즙 1큰술
화이트 와인 식초 1큰술
꿀 1/2큰술
소금 1/3작은술
후춧가루 약간
올리브유 2큰술

∨

볼에 레몬즙, 화이트 와인 식초,
꿀, 소금, 후춧가루를 넣어
거품기로 고루 섞는다.
여기에 애플민트를 잘게 다져 넣고
올리브유를 넣어가며 섞는다.

➕
어울리는 드레싱
크랜베리 드레싱

NOTE

치즈로 장식하기
요리를 담고 나서 치즈를 어떻게 얹고 뿌리느냐에 따라서 요리의 품위가 달라진다. 치즈는 강판에 갈아서 뿌리는 방법과 필러로 깎아서 얹는 법, 손으로 뚝뚝 떼어 으깨며 넣는 방법 등 다양한 방법으로 얹을 수 있다. 또한 치즈강판은 구멍 크기가 달라 두께를 조절하며 갈 수 있다.
치즈를 덩어리째로 다른 재료들과 같이 먹을 때는 필러로 밀거나 손으로 뚝뚝 잘라넣는 방법이 좋고, 드레싱과 같이 버무려 은근하면서 가볍게 즐길 때에는 치즈 강판에 갈아 뿌리는 것이 좋다.

사과 300~340g(1개)
고르곤졸라 치즈 또는 블루 치즈 70g
구운 호두 7개 ➡ 구운 호두 024쪽
설탕물 적당량

1. 구운 호두는 4등분 한다.

2. 사과는 껍질째 깨끗이 씻어 4등분 해 얇게 썬다.
   설탕물에 담가 갈변을 막은 뒤 물기를 충분히 뺀다.

3. 넓은 접시에 얇게 썬 사과를 펼쳐 담고, 고르곤졸라 치즈를
   필러로 밀어 고루 올린다.

4. 다시 사과를 올리고 고르곤졸라 치즈를 고루 올린 다음
   호두를 뿌리고 드레싱을 끼얹는다.

베리베리샐러드

양파 드레싱
채 썬 양파 150g(작은 것 1개 분량)
현미식초 5큰술
다진 마늘 ½작은술
설탕 2큰술
소금 1½작은술
카놀라유 또는 현미유 ½컵

생블루베리 200g
냉동 라즈베리 또는 생라즈베리 130g
냉동 크랜베리 130g
이탈리안 파슬리 5g(1줄기)
양파 드레싱 4큰술

채 썬 양파를 30분 정도 물에 담가 매운맛을 뺀다. 양파의 물기를 털어 믹서에 넣은 뒤 카놀라유를 뺀 모든 재료를 넣고 퓌레 상태가 되도록 간다. 여기에 카놀라유를 세 번에 나누어 넣어가며 간다.

1. 이탈리안 파슬리는 굵게 다진다.
2. 냉동 라즈베리는 미리 꺼내놓으면 금세 녹으므로 요리하기 직전에 냉장고에서 꺼낸다. 생블루베리는 깨끗이 씻어 물기를 뺀 뒤 볼에 라즈베리, 크랜베리와 함께 담는다.
3. 볼에 담은 베리에 양파 드레싱 2큰술을 뿌려 고루 섞어 접시에 담는다.
4. 남은 드레싱을 뿌리고, 이탈리안 파슬리를 고루 뿌린다. 찬 상태로 바로 내고, 숟가락을 준비해 떠먹을 수 있게 한다.

어울리는 드레싱
석류 드레싱
레몬 드레싱 ❶❷

NOTE

눈 건강에 좋은 베리류
세계 10대 건강식품 또는 슈퍼 푸드로 알려진 블루베리를 비롯해 라즈베리, 크랜베리 등 베리류는 새콤달콤한 과일이다. 눈 건강에 좋으며, 뇌 기능을 향상시켜 기억력 저하를 예방한다니 머리를 많이 쓰는 직업을 가진 사람이나 학생, 노인에게 특히 좋다. 베리에 함유된 폴리페놀 성분은 항산화 작용을 해서 암과 성인병 예방에 도움을 준다. 블루베리의 보라색 껍질에는 시력 저하를 막아주는 안토시아닌이 들어 있다.

베리류는 생베리와 냉동 베리를 골고루 섞어 쓰면 되고, 이외에도 딸기, 산딸기, 오디, 복분자 등도 잘 어울린다. 아주 차거나 냉동된 것을 드레싱에 버무리면 차고 새콤한 맛이 머리 끝까지 닿는 짜릿함을 선사한다.

월도프샐러드

사과, 셀러리에 견과류를 넣어 마요네즈로 버무리는 간단한 샐러드인데,
원래는 건포도를 넣지만 포도나 거봉, 청포도도 잘 어울린다.
마요네즈와 플레인 요구르트를 반반 섞어 새콤한 맛을 더해도 좋다.

마요네즈
수제 마요네즈 8큰술(100g)
➡ 마요네즈 044쪽

직접 만든 마요네즈가 고소하고 맛이 좋다.
시판용 마요네즈를 쓸 때는
레몬즙 1큰술을 섞어 쓴다.

어울리는 드레싱
마요네즈 드레싱
시저 드레싱
요구르트 드레싱
마요네즈 양파 드레싱
치즈 마요네즈 드레싱

셀러리 180g(큰 것 4줄기)
사과 300~350g(1개)
씨 없는 거봉 300g(20알)
구운 호두 50g(1컵) ➡ 구운 호두 024쪽
수제 마요네즈 8큰술

1. 셀러리는 질긴 섬유질을 벗겨내고 사방 1cm 크기로 굵게 썬다.
2. 사과는 껍질째 깨끗이 씻어 사방 1cm 크기로 썰어서
   갈변되지 않도록 설탕물에 잠시 담갔다가 건져 물기를 뺀다.
3. 거봉은 한 알씩 떼어 길이 방향으로 반으로 썬다.
   구운 호두는 굵게 다진다.
4. 볼에 셀러리와 사과, 거봉, 호두를 담고 마요네즈를 넣어
   고루 버무린다.

NOTE

뉴욕에서 태어난 월도프샐러드
월도프샐러드는 뉴욕의 명물로 월도프
아스토리아 호텔에서만 맛볼 수 있었던
유명한 샐러드였다. 1890년대 이 호텔의
오스카 스즈키 셰프가 처음 만들었는데,
호텔 이름을 따라 월도프샐러드라고 불
렀다. 원래 월도프샐러드에는 건포도를
넣어 버무리지만, 싱싱한 포도를 넣으면
신선한 맛이 난다. 마시멜로를 넣은 월도
프샐러드는 아이들에게 인기가 많다.

fruit salad 139

쌈 채소 아보카도샐러드

아보카도는 기름지고 부드럽지만 자칫 맛이 밋밋할 수 있으므로
상큼한 과일이나 쌉쌀하고 시원한 채소를 곁들여야 한다.
또 시큼하면서도 알싸하고 톡 쏘는 홀그레인 머스터드 드레싱이 밋밋해지기 쉬운 맛을 산뜻하게 바꿔준다.

홀그레인 머스터드 드레싱
홀그레인 머스터드 2작은술
화이트 와인 식초 2큰술
소금 ¼작은술
엑스트라 버진 올리브유 4큰술

베이컨 10장
완숙 아보카도 2개
완숙 토마토 300~400g(큰 것 2개)
쌈 채소(적로메인 상추, 적잎치커리, 토스카노, 적겨자잎 등) 100g
페타 치즈 50g
이탈리안 파슬리 20g(7~8줄기)

볼에 화이트 와인 식초와 소금을 넣고
거품기로 저어가며 소금을 녹인 뒤
머스터드를 섞는다.
올리브유를 조금씩 넣어가며
충분히 저어 섞는다.

1. 베이컨은 2cm 폭으로 썰어 달군 팬에 바삭하게 구운 뒤
   키친타월에 올려 기름을 뺀다.

2. 아보카도는 껍질을 벗겨 0.5cm 두께로 모양을 살려 썬다.

3. 토마토는 웨지 모양으로 8등분 한다. 이탈리안 파슬리는 굵게 다진다.

4. 쌈 채소는 적로메인 상추, 적잎치커리, 토스카노, 적겨자잎 등
   좋아하는 것으로 준비해 깨끗이 씻어 물기를 뺀다.

5. 볼에 쌈 채소를 먹기 좋게 뜯어 담고 드레싱을 반만 넣어
   고루 버무린다.

어울리는 드레싱
바질 안초비 드레싱
양파 드레싱

6. 접시에 아보카도와 토마토를 담고, 버무린 채소를 듬뿍 올린 뒤
   구운 베이컨과 이탈리안 파슬리를 뿌린다.
   페타 치즈를 손으로 으깨어 군데군데 뿌린 뒤 남은 드레싱을 끼얹는다.

엔다이브 오렌지샐러드

달고 상큼한 오렌지와 쌉쌀하고 아삭한 엔다이브는 훌륭한 조합이다.
두 재료의 맛을 한껏 살리기 위해 질 좋은 올리브유로 버무리고
약간의 간만 하는 것이 포인트다. 깔끔한 맛이 식욕을 돋우는 데 그만이다.

✚
어울리는 드레싱
오렌지 드레싱
레몬 드레싱 ❶❷
석류 드레싱

엔다이브 200g(2포기)
오렌지 2개
구운 호두 25g(10개) ➡ 구운 호두 024쪽
엑스트라 버진 올리브유 2큰술
소금 1/3작은술
설탕 1/2작은술
후춧가루 약간

1. 엔다이브는 뿌리 부분을 잘라내고 잎을 하나씩 뗀 다음 깨끗이 씻어 물기를 뺀다.
2. 오렌지는 껍질을 두껍게 벗겨낸 뒤 과육만 발라낸다.
3. 구운 호두는 굵게 다진다.
4. 오렌지 과육과 엔다이브에 올리브유, 소금, 설탕, 후춧가루를 가볍게 섞어 그릇에 담고 호두를 뿌린다.

NOTE

드레싱에는 왜 엑스트라 버진 올리브유를 쓸까?

올리브유는 엑스트라 버진과 퓨어로 나눌 수 있는데, 올리브를 압착 과정을 통해 생산되었을 때 '엑스트라 버진'이라고 부른다. 보통 '올리브유'와 같은 등급은 화학물질과 올리브유를 추출하기 위한 또 다른 제조 과정을 사용하여 생산되는 등급이다.

엑스트라 버진 올리브유는 한마디로 자연 상태 올리브의 향과 씁쓸한 맛 등 여러 가지 풍미를 지니고 있기 때문에 드레싱에 사용하면 풍부한 맛과 향을 즐길 수 있다.

올리브유는 직사광선과 열을 피해서 보관해야 하며, 최악의 보관 장소는 창턱, 가스레인지나 전기레인지 옆, 냉장고 위, 온돌 바닥 등이다. 밀봉한 상태로 어두운 찬장이나 지하실 등 서늘한 곳에 보관해야 한다. 일단 병을 열었다면 한 두 달 안에 모두 사용하는 것이 좋다.

fruit salad

믹스 과일샐러드

석류 드레싱
석류즙 1/4컵(석류 작은 것 1개 분량)
올리브유 1작은술
레드 와인 식초 1작은술
레몬즙 1/2작은술
다진 마늘 1쪽 분량(5g)
소금 1/3작은술

석류는 8등분을 해서
껍질을 벗겨낸 뒤
손으로 감싸 꾹 눌러 즙을 짠다.
과즙기를 이용해도 좋다.
나머지 재료를 고루 섞어
석류 드레싱을 만든다.

어울리는 드레싱
마요네즈 드레싱
마요네즈 양파 드레싱
시저 드레싱

골드 키위 2개
그린 키위 1개
사과 1/2개
씨 없는 적포도 250g(20알)
바나나 1개

1. 골드 키위와 그린 키위는 껍질을 벗겨 길이로 4등분 한 뒤 1cm 두께로 썬다.
2. 사과는 4등분 해 씨를 빼고 0.5cm 두께로 썬다. 적포도는 송이송이 떼어 반을 가른다.
3. 바나나는 껍질을 벗겨 2cm 길이로 썬다.
4. 모든 과일을 한데 섞어 그릇에 담고 석류 드레싱을 먹기 직전에 뿌린다.

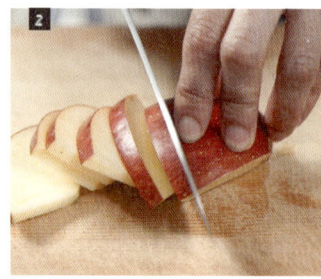

NOTE

석류 드레싱은 차게 보관
석류 드레싱은 먹기 직전에 만들어야 가장 맛있다. 신선한 석류의 향과 새콤한 맛이 잘 살아 있기 때문이다. 만약 시판용 석류즙을 사용할 때는 드레싱을 미리 만들어 차게 보관해두었다가 쓴다.

여러 가지 과일을 섞어 샐러드를 만들 때는 단맛과 아삭한 맛, 새콤한 맛, 담백한 맛이 어울리게 과일을 선택하는 것이 중요하다. 과일은 미리 썰어 놓으면 맛도 향도 날아가고 색이 변하므로 상에 내기 직전에 바로 만드는 게 좋다.

토르티야에 싸 먹는 **살사 과카몰레**

과카몰레Guacamole는 아보카도로 만든 멕시코의 딥 소스로 '아보카도 소스'라는 뜻이다.
아보카도를 굵게 썰어 올리브유 등에 버무리기 때문에 샐러드 같지만,
멕시코에서는 구운 토르티야에 올려 싸 먹기에 소스라고 한다.

오렌지 드레싱 ❷
오렌지 농축액 1½큰술
올리브유 1큰술
소금 ½작은술
후춧가루 약간

▽

볼에 재료를 모두 넣고
거품기로 충분히 저어 섞는다.

➕
어울리는 드레싱
레몬 드레싱 ❶ ❷

완숙 아보카도 2개
양파 50g(중간 크기 ¼개)
토마토 180g(큰 것 1개)
레몬 ½개
소금 ½작은술
다진 마늘 1쪽 분량
이탈리안 파슬리 2줄기
차빌 2줄기
토르티야 8장

1. 아보카도는 세로로 반을 갈라 씨를 제거하고 껍질을 벗겨 굵게 썬다.

2. 아보카도를 볼에 담고 레몬즙을 짜서 고루 뿌려 섞은 뒤
   소금 ¼작은술과 후춧가루를 섞는다.
   아보카도는 손질해서 바로 레몬즙을 섞어야 갈변하지 않는다.

3. 양파는 굵게 다지고, 토마토는 8등분 해 씨를 긁어낸 뒤 굵게 다진다.

4. 아보카도에 양파와 토마토, 다진 마늘을 넣고,
   짜고 남은 레몬을 한 번 더 짜서 뿌린다.
   오렌지 드레싱을 넣고 고루 버무려 과카몰레를 만든 다음 그릇에 담는다.

5. 이탈리안 파슬리는 잎만 떼어 뿌리고 차빌은 줄기째
   먹기 좋은 길이로 뜯어 군데군데 뿌린다.

6. 토르티야는 마른 팬에 앞뒤로 노릇하게 구워
   곁들여 낸 살사 과카몰레를 싸 먹는다.
   취향에 따라 고수를 듬뿍 넣어도 좋다.

NOTE

**멕시코 요리의 필수,
토마토와 아보카도!**

아보카도는 미국에서 과카몰레를 만드는 과일로 가장 많이 알려져 있다. 과카몰레는 아보카도로 만든 멕시코식 딥소스로 '아보카도 소스'라는 뜻. 토마토로 만든 살사 소스랑 아보카도로 만든 과카몰레는 멕시칸 레스토랑의 필수 메뉴.
아보카도를 으깨어 만들기도 하지만, 굵게 썰어 씹는 즐거움을 느끼도록 만들었다. 아보카도는 껍질을 벗겨놓으면 갈변하기 때문에 바로 레몬즙을 뿌리는데, 라임즙을 뿌리면 더욱 맛이 좋다.
실제 멕시코에서는 과카몰레에 고수를 넣지만, 고수 향을 싫어하는 사람들을 위해 이탈리안 파슬리와 차빌로 대체했다. 고수 향이 싫지 않으면 고수를 넣는 것이 좋다.

fruit salad

단감 사과샐러드

사과와 단감이 가장 달고 맛있는 가을 겨울에 쉽게 할 수 있는 샐러드다.
파프리카를 넣어 아삭하게 씹는 즐거움을 더한다.
요구르트 드레싱도 어울리지만 유자청이나 마요네즈도 어울린다.

요구르트 드레싱
플레인 요구르트 1통(80g)
마요네즈 2큰술(20g)
레몬즙 1큰술
다진 마늘 1/2작은술
설탕 1작은술
소금 1/3작은술
흰 후춧가루 약간

재료를 한데 담고 고루 섞는다.

⊕
어울리는 드레싱
양파 드레싱
머스터드 요구르트 드레싱

단감 250g(1개)
사과 250g(중간 크기 1개)
초록 파프리카 100g(1/2개)
양파 50g(중간 크기 1/4개)

1. 단감은 껍질을 벗기고 씨를 제거하여 도톰하게 채 썬다.

2. 사과는 씨를 제거한 후 껍질째 도톰하게 채 썰어 설탕물에 담가 갈변을 막는다. 드레싱에 버무리기 전에 건져 물기를 충분히 뺀다.

3. 파프리카는 씨를 훑어내 채 썰고, 양파는 채 썬 뒤 얼음물에 담가 매운맛을 빼고 물기를 뺀다.

4. 볼에 손질한 과일과 채소를 담아 가볍게 섞은 뒤 드레싱을 넣어 고루 버무려 그릇에 담는다.
기호에 따라 구운 잣을 뿌려도 좋다.

멜론 수박샐러드

수박과 멜론은 물이 많고 단 여름 과일이다. 작게 썰고 동그랗게 떠내면
맛이 싱거워질 수 있으므로 수박을 갈아 만든 드레싱으로 진한 맛을 더한다.
과일도 드레싱도 차게 두었다가 먹으면 더위와 갈증 해소에 그만이다.

수박 드레싱
수박즙 1/2컵(수박 80g 분량)
레몬즙 1큰술
소금 1/3작은술
설탕 1작은술

스쿠프로 떠내고 남은 수박은
씨를 빼고 믹서에 갈아 즙을 낸다.
수박즙과 나머지 재료를 볼에 담고
설탕이 충분히 녹을 정도로 저어 섞는다.

✚
어울리는 드레싱
석류 드레싱
레몬 드레싱 ❶ ❷
양파 드레싱

NOTE
동그란 모양을 내는 스쿠프
예쁜 모양을 위해 사용하는 스쿠프. 동
글동글하게 나오는 모양이 샐러드나 화
채 등에 잘 어울린다. 스쿠프가 없으면
먹기 좋은 크기의 주사위 모양으로 깍둑
썰기 해 샐러드에 넣는다.

수박 500g(작은 것 1/3통)
멜론 500g(1/2개)
애플민트 5~6g(3줄기)

1. 멜론은 반으로 갈라 씨를 긁어낸 뒤 길게 4등분 한다.
2. 멜론 껍질 위로 칼을 뉘어 저미면서 과육과 껍질을 분리한 뒤
   과육은 2cm 폭으로 썬다.
3. 수박은 스쿠프를 이용해 동그랗게 파낸다.
   스쿠프가 없을 때는 사방 2cm 크기로 깍둑썰기 한다.
4. 그릇에 멜론을 담고 수박을 듬뿍 올린다.
   민트를 뜯어 올리고 수박 드레싱을 넉넉하게 끼얹는다.

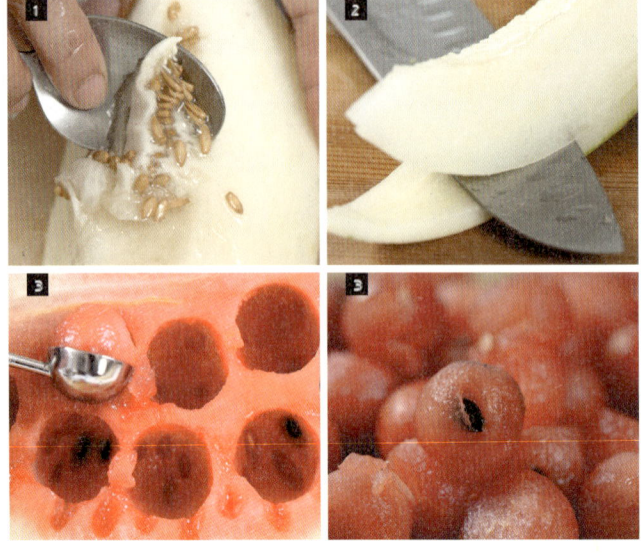

관자구이 오렌지샐러드

과일과 채소와 관자를 함께 즐길 수 있는 복합 샐러드.
드레싱에 오렌지 농축액을 넣어 오렌지의 맛과 향이 더욱 진하다.

오렌지 머스터드 드레싱
오렌지 농축액 6큰술
레몬즙 2큰술
꿀 1큰술
디종 머스터드 1큰술
생강즙 1작은술
소금 1/3작은술
후춧가루 약간
올리브유 4큰술

▼

냄비에 오렌지 농축액과 레몬즙을 넣고
약한 불에서 끓여 절반 분량인
4큰술 정도가 나올 때까지 졸인 뒤 식힌다.
여기에 꿀, 머스터드, 생강즙, 소금,
후춧가루를 넣어 섞는다.
올리브유를 조금씩 넣어가며
거품기로 충분히 저어 섞는다.

➕
어울리는 드레싱
과일 드레싱
파슬리 드레싱
홀그레인 머스터드 드레싱

NOTE
오렌지 농축액이 없을 땐 오렌지주스
오렌지 농축액 대신 오렌지즙이나 주스
를 써도 된다. 오렌지즙이나 주스를 사용
할 때는 냄비에 넣고 양이 1/4 정도 될 때
까지 졸인 뒤 충분히 식혀서 사용한다.

오렌지 2개
관자 350g(8개)
쌈 채소(적로메인 상추, 치커리, 레드 치커리, 적근대, 오크리프 등) 100g
팽이버섯 60g(1/2봉지)
올리브유 약간

관자 밑간
올리브유 1큰술, 레몬즙 1큰술, 소금·후춧가루 약간씩

1. 관자는 반으로 편 썬 뒤 밑간 재료를 넣고 버무려 15분간 재운다.
2. 관자를 건져 물기를 빼고 올리브유를 두른 팬에
   갈색이 나도록 굽는다.
3. 쌈 채소는 깨끗이 씻어 물기를 빼고 한입 크기로 뜯는다.
   팽이버섯은 밑동을 자르고 반으로 썰어 가닥가닥 찢는다.
4. 오렌지는 껍질을 두껍게 벗긴 뒤 속살에 칼집을 넣어 과육만 바른다.
5. 접시에 채소와 오렌지, 팽이버섯을 고루 섞어 담고 드레싱을 뿌린다.
   한쪽에 관자를 담고 여분의 드레싱을 뿌린다.

유자청 과일채샐러드

은은한 유자 향이 밴 달콤한 샐러드로
씹는 느낌과 단맛, 향이 잘 어울리는 과일과 채소를 선택해야 한다.
단감이나 사과, 죽순 등의 재료를 더해도 좋다.

유자청 드레싱
유자청 2큰술
유자 건더기 2큰술(60g)
식초 1큰술
물 2큰술
소금 약간

▽

볼에 재료를 모두 넣고
고루 섞은 뒤 차게 둔다.
유자청은 유자차의 건더기와
청을 사용하면 된다.

⊕

어울리는 드레싱
올리브유 드레싱
들깨 드레싱

대추 8개
배 1개
밤 8개
오이 150g(1개)
수삼 약간 또는 미삼 뿌리 약간
잣가루 2큰술

1. 대추는 돌려 깎아 씨를 발라낸 뒤 얇게 채 썬다.
2. 배와 밤은 가늘게 채 썰고, 오이는 껍질을 깨끗이 씻어
   돌기를 제거하고 돌려 깎아 가늘게 채 썬다.
   수삼도 채 써는데, 미삼을 사용할 경우 먹기 좋은 길이로 썬다.
3. 큰 볼에 손질한 재료를 모두 넣고 가볍게 섞은 뒤
   유자청 드레싱을 넣어 버무린다.
4. 그릇에 소복이 담고 잣가루를 뿌린다.
   미삼을 사용할 경우 맨 위에 올리고 잣가루를 뿌린다.

생선과 조개, 새우, 해초 등을 더한 해물 샐러드.
해산물은 특유의 비릿한 맛이 있지만, 신선한 채소와 상큼한 드레싱이 곁들여지면 입맛 돋우는 근사한 샐러드가 된다. 그래서 해물 샐러드는 식전의 애피타이저나 메인 요리의 서브 메뉴로 어울리고, 와인이나 소주 등의 술안주로도 훌륭하다. 샐러드에 쓰는 해물은 대부분 데치거나 굽지만, 양념을 강하게 하지 않고 드레싱만 뿌리기 때문에 재료가 신선해야 한다.
해물과 어울리는 채소는 아삭아삭하게 청량감이 느껴지는 채소와 향이 나는 채소, 단맛이 나는 채소다. 반면 싱싱하게 즐기는 광어회나 연어는 잎이 부드러운 채소가 어울린다. 드레싱은 다른 샐러드보다 맛이 진한 것이 좋다. 신맛과 단맛, 또는 매운맛을 다른 드레싱보다 조금 강하게 만드는 게 보다 신선하게 즐길 수 있는 비결이다. 해물은 단백질이 풍부하면서도 칼로리가 낮아 다이어트에 더없이 좋다.

PART FOUR. **해. 물. 샐. 러. 드.**

Seafood Salad Basics

| 샐러드에 어울리는 |
해물

골뱅이
술안주로 애용되는 골뱅이는 캔으로 구입하여 간편하게 사용할 수 있다. 자칫 쿰쿰한 냄새가 날 수 있으니 살짝 데쳐 쓰는 것이 좋다.

굴
예부터 최고의 스태미나 식품으로 주목받아온 굴. 탱글탱글하고 부드러우면서 깊은 우유맛과 바다의 향을 간직한 굴은 둘레의 띠가 짙고 흰 부분은 투명한듯 하얀 것이 신선하다.

관자
관자는 조개에서 분리한 부위로 고소하고 담백하면서 부드럽다. 너무 오래 조리하면 육질이 단단하고 퍽퍽해지니, 조리 시간을 최소한으로 하여 데치거나 굽는다.

광어(흰 살 생선)
가장 대중적인 횟감 생선 중 하나인 광어. 고단백이면서 칼로리가 낮고 담백하면서 쫄깃한 맛을 자랑한다. 마리네이드의 형태로 서양식 샐러드에 적합하고, 일본식 드레싱을 곁들여 샐러드로 내어도 좋다.

홍게살(대게살)
입에서 으스러지는 듯한 부드러운 식감이 일품인 게살은 특유의 단맛과 깊은 감칠맛이 있다. 단백질과 아미노산이 풍부해서 어린이들에게 좋고 어른들의 술안주로도 적합한 다용도 해산물이다.

칵테일 새우 & 새우
새우는 고단백이면서도 저지방 식품이라 다이어트에 좋은 식재료이다. 단맛과 특유의 감칠맛이 어우러지고 탱글탱글해 여러 가지 샐러드에 응용하기 좋다. 칵테일 새우는 새우의 껍질과 머리를 제거하여 살짝 데친 뒤 급속 냉동한 새우로, 간편하게 샐러드 재료로 사용할 때 별도의 손질 없이 사용할 수 있다. 반면 대하, 중하 등의 새우는 보다 부드러워 숙회, 튀김, 구이 등 여러 가지 요리에 쓰인다.

훈제 연어
훈제 연어는 촉촉하고 부드러워 인기가 많지만, 특유의 비릿한 맛과 향 때문에 피하는 사람들도 있는, 상반된 매력을 가진 생선이다. 먹기 직전에 레몬을 살짝 뿌리거나 드레싱에 레몬즙과 케이퍼를 곁들이면 비린 맛을 잡을 수 있고 육질도 부드러워진다.

해파리
해파리는 별다른 영양가가 없다고 알려져 있다. 갖은 채소와 함께 드레싱을 조금 강하게 만들어 곁들이면 오독오독 씹히는 맛이 별미인 샐러드를 만들 수 있다.

문어
문어는 자숙문어와 생문어로 나눌 수 있는데, 잡아 올린 뒤 바로 데쳐 급속 냉동한 것이 자숙 문어이다. 자숙문어는 손질이 간편한 반면 퍽퍽하고 질기지만, 생문어는 데쳐서 잘랐을 때 쫄깃하면서도 수분이 풍부하다.

낙지
맛과 영양이 뛰어난 초여름 별미로 육질이 연하고 쫀쫀하게 씹히는 맛이 일품이다. 볶거나 구이를 해서 샐러드에 곁들일 때 물이 많이 나오기 때문에 미리 한 번 살짝 데쳐 사용하는 것이 좋다.

황태포 (북어포)
황태는 아주 차고 건조한 바람에 말려 쫄깃하면서 고소한 맛이 깊게 배어 있다. 잘게 찢어 다른 샐러드 재료들과 섞어 써도 좋고, 기름 없는 팬에 살짝 볶아 잘게 잘라서 토핑으로 사용해도 좋다.

오징어 & 갑오징어
오징어는 타우린이 많아 피로 회복에 좋고, 닭 가슴살보다 단백질을 많이 함유하고 있어 다이어트에 좋다. 횟감으로 먹으면 쫄깃하면서 살짝 끈적한 느낌이 있지만 데치거나 볶으면 특유의 고소한 맛과 단맛이 살아난다.
갑오징어는 속에 길고 납작한 뼈가 있는 오징어로 육질이 단단하고 쫀쫀하여 회를 쳤을 때 찰떡처럼 차지고 부위에 따라 식감이 약간씩 다른 것이 특징. 데쳐도 여전히 탱탱하다.

명란
맛과 영양이 풍부하여 밑반찬으로 인기 있는 명란은 겉이 투명하고 알이 빼곡하게 들어 있는 것이 좋다. 대부분 밑간이 되어 있으므로, 껍질을 벗겨 알만 발라내어 여러 가지 양념과 섞어 샐러드 드레싱을 만들거나 토핑으로 올린다.

참치
참치는 바다에 사는 쇠고기라 할 정도로 영양이 풍부한 생선이다. 색도 붉은빛을 띠며 살짝 기름진 맛을 느낄 수 있다. 얇게 저미거나 조그맣게 깍둑썰기 해서 생으로 샐러드에 넣거나 겉만 익게 구워 넣는다.

| 해물
| **손질하기**

관자

1. 관자는 도톰하기 때문에 칼을 눕혀 포를 뜨듯이 반으로 가른다.
2. 관자에 미리 소금, 후춧가루, 청주를 뿌려 밑간해 비린 맛을 없앤다.
3. 팬에 굽거나 끓는 물에 데쳐 샐러드에 넣는다.

 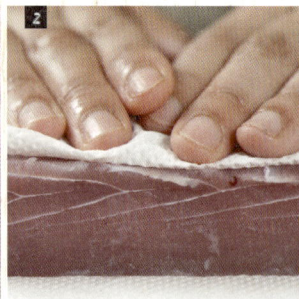 

참치회

1. 소금을 녹인 물(물 2ℓ에 소금 1컵)에 10분간 담가 해동한다.
2. 녹인 참치회는 키친타월에 싸서 물기를 뺀다.
3. 요리에 어울리는 크기로 썬다.
  비닐봉지에 담거나 접시에 나란히 늘어놓아 냉동실에 넣었다가 내기 직전에 꺼내 채소, 드레싱과 버무린다.

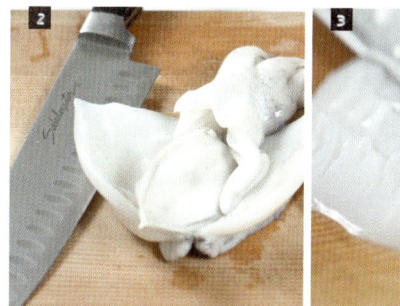
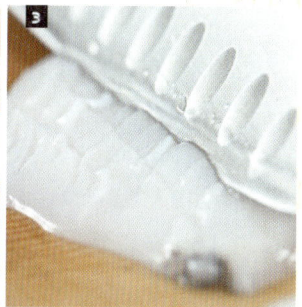

오징어
1. 내장을 빼고 손질한 뒤 몸통에 사선으로 칼집을 넣고,
   다시 반대 방향의 사선으로 칼집을 넣는다.

2. 몸통을 길이로 2등분 또는 3등분 한다.
   다시 가로 방향으로 돌려놓고 칼을 비스듬히 넣어
   먹기 좋은 크기로 썬다.

| 해물
| 데치기 |

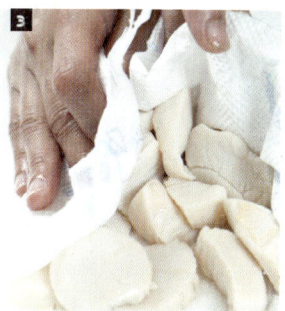

1. 끓는 물에 레몬 한 조각과 해물을 넣어 데친다.
   해물이 살짝 익을 정도로(1~3분) 데친다.
   해물 크기에 따라 시간을 조절하지만, 오래 데치면 질겨진다.

2. 해물이 익으면 건져 찬물에 담가 식힌다.
   오래 데치면 맛이 없어지는 재료는 재빨리 찬물에 헹구거나
   그대로 체에 밭쳐 물기를 빼고 식힌다.

3. 식힌 해물은 키친타월에 싸서 물기를 없앤다.
   물기가 없어야 드레싱이 고루 묻고 맛도 밍밍해지지 않는다.

seafood salad

케이퍼에 재운 연어샐러드

훈제 연어는 기름지고 특유의 비린내가 있는데,
케이퍼를 섞은 레몬즙에 잠시 재우면 비린내도 없어지고 맛이 산뜻해진다.
레몬 드레싱의 향긋한 풍미 덕분에 전채로도 와인 안주로도 즐길 수 있다.

레몬 드레싱 ❶
레몬즙 1/4컵
설탕 1작은술
소금 1/2작은술
후춧가루 약간
올리브유 1/2컵

레몬즙에 설탕, 소금, 후춧가루를
넣고 고루 저어 설탕을 녹인다.
여기에 올리브유를 조금씩 나눠
넣으며 거품기로 충분히 저어
기름이 분리되지 않게 섞는다.

＋
어울리는 드레싱
연겨자 드레싱
허니 머스터드 드레싱
홀그레인 머스터드 드레싱

훈제 연어 300g
베이비 채소 50g
케이퍼 2작은술(30알)
레몬즙 1큰술
설탕 1/2작은술

1. 케이퍼는 잘게 다져 레몬즙, 설탕과 고루 섞는다.
2. 훈제 연어는 넓은 접시에 펼쳐 담고, ①의 케이퍼 레몬즙을
   고루 끼얹어 잠시 재운다.
3. 베이비 채소는 찬물에 헹군 다음 채소탈수기에 돌려 물기를 뺀다.
4. 접시에 베이비 채소를 담고, 연어를 젓가락으로 돌려 말아서
   베이비 채소 사이사이에 올린다.
5. 드레싱을 충분히 끼얹고 남은 드레싱은 곁들인다.

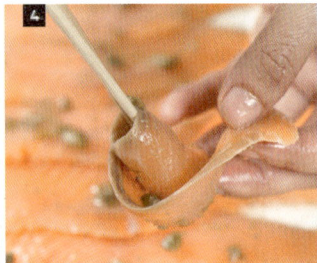

NOTE

훈제 연어의 짝꿍, 케이퍼
훈제 연어 하면 짝꿍처럼 따라오는 재료가 케이퍼다. 훈제 연어는 보통 케이퍼와 채 썬
양파, 사워크림을 함께 놓고 돌돌 말아 먹는다. 케이퍼는 특유의 씁쓸한 맛과 향이 있
는데 연어의 느끼함과 비릿함을 잡아주면서 맛을 상승시키는 효과가 있어 연어와 맛
궁합이 좋은 재료이다.

브로콜리 새우샐러드

마요네즈 드레싱
마요네즈 5큰술
레몬즙 1½큰술
설탕 1큰술
우유 2큰술
다진 양파 2큰술
이탈리안 파슬리 3줄기
(또는 다진 이탈리안 파슬리 2큰술)
소금·흰 후춧가루 약간씩

이탈리안 파슬리는 잘게 썬다.
볼에 재료를 모두 넣고 고루 섞는다.

어울리는 드레싱
마요네즈 양파 드레싱
크랜베리 드레싱

브로콜리 200g(¾송이)
칵테일 새우 150g(30마리)
레몬 ⅛개
소금 약간

1. 브로콜리는 송이송이 떼어 큰 것은 반으로 가른 뒤
   끓는 물에 소금을 약간 넣고 30초~1분간 데친다.
   데친 브로콜리를 얼음물에 담가 식힌 뒤 채소탈수기로 물기를 뺀다.

2. 칵테일 새우는 깨끗이 씻는다.

3. 끓는 물에 레몬을 얇게 썰어 넣고 새우를 살짝 데친 다음
   찬물에 재빨리 헹궈 물기를 뺀다.

4. 큰 볼에 브로콜리와 새우, 드레싱을 넣어 가볍게 버무린 뒤
   그릇에 담는다.

NOTE
해산물을 산뜻하게 데치려면
새우를 데치는 물에 레몬을 한 조각 넣으면 새우의 비린내가 없어지고 뒷맛이 깔끔해진다. 낙지나 오징어 등의 해산물을 데칠 때도 레몬을 넣으면 좋다. 청주를 넣어도 비린내가 없어진다.

브로콜리와 새우에 마요네즈만 더하면 고소하지만 다소 느끼하다.
레몬즙과 다진 양파, 이탈리안 파슬리를 넣어 향긋하고 새콤한 맛을 내고
우유를 넣어 농도를 조절하면 상큼한 마요네즈 드레싱이 된다.

아스파라거스 관자냉채샐러드

담백하면서도 씹을수록 단맛이 나는 관자는 미리 생강즙과 소금에 재워야 비린내가 나지 않는다.
데친 뒤에는 바로 찬물에 담가 식힌 뒤 물기를 완전히 빼야 양파 드레싱이 묽어지지 않고 고루 묻는다.

양파 드레싱
채 썬 양파 150g(작은 것 1개 분량)
다진 마늘 1/2작은술
현미식초 5큰술
설탕 2큰술
소금 1 1/2작은술
카놀라유 또는 현미유 1/2컵

채 썬 양파를 30분 정도 물에 담가
매운맛을 뺀 다음 물기를 털어
믹서에 넣고, 카놀라유를 뺀 모든
재료를 넣어 퓌레 상태가 되도록 간다.
여기에 카놀라유를 세 번에 나누어
넣어가며 간다.

+
어울리는 드레싱
양파 간장 드레싱
머스터드 요구르트 드레싱

아스파라거스 250g(큰 것 6~7줄기)
관자 250g(8~10개)
생강즙 1작은술
소금 약간
양파 드레싱 4큰술

1. 관자는 반으로 저며 생강즙과 소금에 버무려 10분 정도 재운다.

2. 아스파라거스는 필러를 이용하여 껍질을 벗기고
   단단한 밑동은 잘라낸 뒤 반으로 토막 낸다.
   굵은 아스파라거스는 길이 방향으로 반 가른다.

3. 끓는 물에 소금을 약간 넣고 아스파라거스를 4분간 데쳐
   찬물에 담갔다가 먹기 직전에 물기를 뺀다.

4. 끓는 물에 관자를 30~50초간 데친 다음 찬물에 재빨리 헹구고
   키친타월에 싸서 물기를 뺀다.

5. 볼에 관자와 양파 드레싱을 넣어 버무린다.
   접시에 아스파라거스를 나란히 담고, 관자를 듬뿍 올린다.

새우 문어샐러드

데친 문어와 새우, 채소에 드레싱 재료를 그대로 넣어 마리네이드해서 차게 즐기는 샐러드다. 문어와 새우에 셀러리의 독특한 향과 식초의 새콤한 맛이 배어 산뜻한 맛이 나는데, 술 안주로도 훌륭하다.

올리브유 드레싱
올리브유 3큰술
화이트 와인 식초 1작은술
소금 ¼작은술
후춧가루 약간

볼에 재료를 모두 넣고 고루 섞는다.

➕
어울리는 드레싱
발사믹 올리브유 드레싱
레몬 드레싱 ❶❷

새우(중하) 8마리
문어 다리 3개
오이 180g(1개)
빨강 파프리카 200g(1개)
셀러리 1토막(10cm 길이)
그린 올리브 6개
밀가루 적당량

1. 새우는 이쑤시개로 등 쪽의 내장을 빼고 끓는 물에 살짝 데친 다음 껍질을 벗기고 대가리와 꼬리를 뗀다.
2. 문어 다리는 밀가루를 뿌리고 바락바락 주물러 씻은 다음 끓는 물에 2분 정도 삶아 건져 찬물에 헹군다.
3. 삶은 문어는 어슷하고 얄팍하게 썬다.
4. 오이는 필러로 얇게 저며 반으로 썬다. 얼음물에 잠시 담갔다가 건져 물기를 뺀다.
5. 파프리카는 사방 2cm 크기로 썰고, 셀러리는 질긴 섬유질을 벗겨내고 어슷하고 얇게 썬다.
6. 볼에 새우, 문어, 파프리카, 셀러리, 그린 올리브를 담고 드레싱을 넣어 버무린다. 냉장고에 넣어 20분 정도 마리네이드한다.
7. 오이를 넣어 버무려 그릇에 담고 남은 드레싱을 끼얹는다.

NOTE

생문어를 쓰고, 주꾸미나 오징어도 좋다
샐러드에는 자숙문어보다는 생문어를 사용해야 더욱 부드럽고 쫄깃한 맛을 낼 수 있다. 자숙문어는 자칫 질겨질 수 있으며, 문어가 없을 때는 주꾸미, 갑오징어 등으로 대체해도 된다. 문어는 소금을 뿌리고 주물러 씻으면 조금 뻣뻣해지므로 밀가루를 쓰는게 낫다.

광어 카르파초

생선회를 색다르게 즐기는 방법이 카르파초다.
생선회에 레몬 간장 드레싱을 뿌리고
어린잎 채소나 베이비 채소를 올려 함께 싸 먹게 한다.
특별한 조리 과정이 없어 쉽게 만들 수 있으며,
손님 초대 메뉴나 안주로 인기가 많다.

레몬 간장 드레싱
레몬 드레싱 ❶ ¼컵(3큰술)
➡ 레몬 드레싱 040쪽
간장 2작은술
와사비 ¼작은술

레몬 드레싱 ❶에 간장과
와사비를 분량대로 넣고
와사비가 잘 풀어지도록 고루 섞는다.

➕
어울리는 드레싱
양파 간장 드레싱
고추장 드레싱
청양고추장아찌 드레싱

광어회 400g
베이비 채소(브로콜리순, 그린 빈스 어린순 등) 60g
딜 1~2줄기

1. 베이비 채소는 여러 번 헹궈 채소탈수기로 물기를 뺀다.
2. 광어회는 차갑게 보관하였다가 그릇에 먹기 좋게 펼쳐 담고 한쪽에 베이비 채소를 담는다.
3. 광어회에 드레싱을 고루 끼얹듯이 뿌리고 딜잎을 떼어 올린다.

참나물을 올린 마 참치샐러드

붉은 살의 냉동 참치와 아삭아삭 씹히는 마, 부드러운 아보카도는 고급스러운 샐러드 재료다.
양파 드레싱에 국간장을 더해 버무리면 깔끔하면서도 감칠맛이 돈다.
참나물의 향을 더하는 게 포인트다.

양파 드레싱
채 썬 양파 150g(작은 것 1개 분량)
다진 마늘 1/2작은술
현미식초 5큰술
설탕 2큰술
소금 1 1/2작은술
카놀라유 또는 현미유 1/2컵

채 썬 양파를 30분 정도
물에 담가 매운맛을 뺀다.
양파의 물기를 빼어 믹서에 넣고,
카놀라유를 뺀 모든 재료를 넣어
퓌레 상태가 되도록 간다.
여기에 카놀라유를 세 번에
나누어 넣어가며 간다.

⊕
어울리는 드레싱
양파 간장 드레싱

냉동 참치(붉은 살) 180g
마 150g
아보카도 1/2개
방울토마토 150g(7~8개)
참나물 20g
소금 1작은술
레몬즙 적당량
양파 드레싱 4큰술
국간장 1작은술
후춧가루 약간

1. 찬물에 소금을 녹인 뒤 냉동 참치를 담가 10분간 해동한다.

2. 해동한 참치는 키친타월에 싸서 물기를 닦고 사방 1.5cm 크기로 썬다.
   썬 참치는 비닐봉지에 담아 냉동고에 잠시 넣어둔다.

3. 마와 아보카도는 껍질을 벗기고 참치와 같은 크기로 썬다.
   아보카도에는 레몬즙을 뿌려 갈변을 막는다.

4. 방울토마토는 반으로 썬다. 참나물은 잎만 떼어 씻는다.

5. 볼에 참치, 마, 아보카도, 방울토마토를 담고 양파 드레싱, 국간장,
   후춧가루를 넣어 가볍게 버무려 그릇에 담는다.
   참나물을 올려 향을 더한다.

굴소스에 청양고추 등 한식 양념을 넣어 매콤한 맛을 낸 굴소스 드레싱은
굴이나 해산물과 잘 어울린다. 굴즙이 날아가지 않게 살짝만 찌고
먹기 전에 레몬즙을 뿌리면, 입맛을 돋우는 근사한 한식 전채 메뉴가 된다.

굴찜샐러드

굴소스 드레싱
굴소스 1큰술
다진 청양고추 1큰술
다진 파·다진 마늘 1작은술씩
청주 2큰술
꿀 1작은술
올리브유 1큰술
설탕 1/2큰술

**볼에 재료를 모두 넣고
설탕이 녹을 때까지 잘 섞는다.**

+
어울리는 드레싱
올리브유 드레싱
레몬 드레싱 ❶❷
청양고추장아찌 드레싱

굴(석화) 30개
레몬즙 1큰술
차빌 적당량
레몬 웨지 3~4조각

1. 굴은 흐르는 물에 살살 씻어 체에 밭쳐 물기를 뺀 뒤 레몬즙을 고루 뿌린다.
2. 굴에 굴소스 드레싱을 조금씩 끼얹는다.
3. 김이 오른 찜기에 굴을 가지런히 놓고 1~2분간 살짝 찐다.
4. 그릇에 굴찜을 담고 차빌을 작게 떼어 고루 얹은 뒤 레몬 웨지를 곁들인다.

NOTE

굴 맛 살리는 찜의 비법
굴찜의 포인트는 찜기에 넣고 1~2분간 살짝 쪄 굴의 탱탱함을 살리고 육즙이 많이 빠져나가는 것을 방지하는 것. 찜기에 물을 담고 불에 올려 김이 충분히 오르면 굴을 나란히 늘어놓고 기름 붓으로 굴에 올리브유를 얇게 발라 찌면 더욱 탱글탱글해진다.

오징어튀김샐러드

케이준 치킨샐러드처럼 오징어를 튀겨 채소와 함께 즐기는 샐러드다.
홍고추를 함께 튀겨 곁들이고 레몬즙을 뿌리면 보다 매콤하고 신선한 맛을 즐길 수 있다.
아이들을 위해서라면 매운맛은 빼는 것이 좋다.

마요네즈 드레싱
마요네즈 5큰술
다진 양파 2큰술
다진 이탈리안 파슬리 2큰술(3줄기 분량)
레몬즙 1½큰술
우유 2큰술
설탕 1큰술
소금·흰 후춧가루 약간씩

볼에 드레싱 재료를 모두 넣고
고루 섞는다.

➕
어울리는 드레싱
마요네즈 양파 드레싱
치즈 마요네즈 드레싱

오징어 400g(큰 것 1마리)
홍고추 2개(큰 것)
레몬 ¼개
식용유(튀김용) 적당량
샐러드용 채소 적당량

튀김옷
옥수수전분 4큰술, 밀가루 3큰술, 고운 고춧가루 ½작은술,
흰 후춧가루 ¼작은술, 소금 ¼작은술

1. 오징어는 깨끗이 씻어 손질한 뒤 몸통을 반으로 갈라
   길이 방향으로 놓고 2cm 폭으로 썬다.
   다리는 가지런히 모아 길이를 반으로 썬다.

2. 홍고추는 얇고 어슷하게 썰어 씨를 빼고,
   레몬은 반으로 갈라 웨지 모양으로 썬다.

3. 튀김옷 재료를 한데 섞은 뒤 오징어의 반을 넣고 가볍게 버무려
   남은 가루를 턴다.

4. 튀김 기름이 달궈지면 오징어를 넣어 2분 정도 노릇하게 튀긴 다음
   키친타월에 올려 기름을 뺀다.
   남은 오징어를 튀김옷에 버무려 같은 방법으로 튀겨 건진다.

5. 오징어를 튀겨낸 기름에 홍고추를 넣어 몇 초간 튀긴 뒤 바로 건진다.

6. 오징어튀김과 홍고추튀김을 가볍게 섞어 그릇에 담고 레몬 웨지를
   곁들인다. 먹기 전에 레몬즙을 뿌리고, 마요네즈 드레싱을 뿌리거나
   곁들여 찍어 먹는다. 샐러드 채소를 곁들여 함께 싸 먹는다.

태국식 스파이시 새우 온温 샐러드

칵테일 새우 300g(60마리 정도)
중파(또는 대파) 150g
마늘 3쪽
칠리 피클 5개
올리브유 1작은술
소금·후춧가루 약간씩
피시소스 1작은술

⊕
어울리는 드레싱
피시소스 드레싱
액젓 드레싱

1. 칵테일 새우는 찬물에 헹궈 물기를 뺀다.
2. 중파는 새우와 비슷한 길이로 토막 내어 반으로 가른다.
   마늘은 반으로 썰고, 칠리 피클은 길이를 2등분 한다.
3. 달군 팬에 올리브유를 두르고 마늘을 볶아 향이 나면
   칠리 피클을 볶아 매운맛을 낸 뒤 새우를 넣고
   소금, 후춧가루로 간을 하며 볶는다.
4. 불을 끄고 뜨거운 상태에서 피시소스와 중파를 넣어 가볍게 버무려
   그릇에 담는다.

NOTE

칠리 피클이 뭐예요?
칠리는 칠레 고추라고도 부르는데 매운맛이 강하다.
칠리 피클은 빨갛게 익은 칠리를 향신료와
설탕, 소금, 식초에 절인 것으로 매콤하고 상큼한 맛이 난다.

브로콜리와 새우에 마요네즈만 더하면 고소하지만 다소 느끼하다.
레몬즙과 다진 양파, 이탈리안 파슬리를 넣어 향긋하고 새콤한 맛을 내고
우유를 넣어 농도를 조절하면 상큼한 마요네즈 드레싱이 된다.

seafood salad

파프리카 게살샐러드

오렌지 머스터드 드레싱
오렌지 농축액 6큰술
레몬즙 2큰술
꿀 1큰술
디종 머스터드 1큰술
생강즙 1작은술
소금 1/3작은술
후춧가루 약간
올리브유 4큰술
꿀 1/2큰술

⌄

냄비에 오렌지 농축액과 레몬즙을 넣고 약한 불에서 끓여 절반 분량인 4큰술 정도가 나올 때까지 졸인 뒤 식힌다. 여기에 꿀, 머스터드, 생강즙, 소금, 후춧가루를 넣어 잘 섞는다. 올리브유를 조금씩 넣어가며 거품기로 충분히 저어 섞는다.

➕
어울리는 드레싱
홀그레인 머스터드 드레싱
허니 머스터드 드레싱
마요네즈 양파 드레싱

냉동 대게살 100g(20개)
빨강·노랑 파프리카 100g씩(1/2개씩)
사과 150g(1/2개)
바질잎 3장
차빌 2줄기

1. 대게살은 실온에 잠시 두어 녹으면 끓는 물에 살짝 데쳐 찬물에 헹군 다음 물기를 빼고 반으로 썰어 굵게 찢는다.
2. 파프리카는 반을 갈라 씨를 긁어내고 5cm 길이로 잘라 채 썬다. 사과는 껍질째 씻어 채 썬다.
3. 바질잎은 씻어 곱게 채 썬다. 차빌은 잎만 뗀다.
4. 볼에 대게살, 파프리카, 사과를 담고 드레싱 4큰술을 넣어 버무린 뒤 바질잎을 섞어 그릇에 담고 차빌잎을 뿌린다. 나머지 드레싱을 곁들인다.

쑥갓과 미나리를 올린 낙지샐러드

미나리와 쑥갓의 진한 향과 낙지의 쫄깃한 맛이 어울리는 특별한 샐러드로
푸짐한 초대 메뉴가 되고 반찬이나 술안주로도 좋다.
청양고추장아찌를 장아찌 국물과 함께 그대로 갈아 만든 매운 드레싱이 포인트다.

청양고추장아찌 드레싱
청양고추장아찌 10개
청양고추장아찌 국물 1/2컵
설탕 1큰술

청양고추장아찌와 국물, 설탕을 믹서에 넣고 곱게 간다.

⊕
어울리는 드레싱
굴소스 드레싱
고추장 드레싱
일본풍 간장 드레싱

낙지 5마리(작은 것)
쑥갓 1줌
미나리 1줌
다진 마늘 1작은술
참기름 1작은술
밀가루 적당량
식용유 약간

1. 낙지는 밀가루를 뿌리고 바락바락 주물러 씻은 뒤 헹궈서 먹기 좋게 썬다.
2. 팔팔 끓는 물에 낙지를 20~30초 정도 데친 뒤 체에 밭쳐 물기를 뺀다.
3. 쑥갓은 잎만 떼고, 미나리는 4cm 길이로 썬다.
4. 식용유를 살짝 두른 팬에 데친 낙지를 달달 볶아 낙지가 탱글탱글해지면, 청양고추장아찌 드레싱과 다진 마늘을 넣어 센 불에서 재빨리 볶는다.
5. 볶은 낙지를 그릇에 담고 미나리와 쑥갓을 소복이 올린다. 볶은 팬에 남은 청양고추장아찌 드레싱과 참기름을 뿌린다.

seafood salad

돌나물 갑오징어샐러드

초고추장 양파 드레싱
고추장 3큰술
매실청 2큰술
설탕 1½큰술
현미식초 2큰술
다진 마늘 ½작은술
참기름 2작은술
양파 드레싱 2큰술
➡ 양파 드레싱 042쪽

작은 볼에 참기름을 제외한
모든 재료를 넣어 고루 섞은 뒤
먹기 직전에 참기름을 섞는다.

➕
어울리는 드레싱
고추장 드레싱

갑오징어 4마리
돌나물 150g(3줌)
깨소금 약간

1. 돌나물은 찬물에 여러 번 헹궈 흙을 씻는다.
   찬물에 잠시 담갔다가 싱싱해지면 채소탈수기를 이용해 물기를 뺀다.
2. 갑오징어는 배를 갈라 내장과 단단한 오징어갑을 뺀다.
3. 갑오징어 몸통에 사선으로 칼집을 넣은 뒤 길이로 반 가른다.
   칼을 비스듬히 눕혀 먹기 좋은 크기로 썬다.
4. 끓는 물에 갑오징어를 살짝 데친 뒤 찬물에 헹궈 물기를 뺀다.
5. 갑오징어와 돌나물을 가볍게 섞어 그릇에 담고
   드레싱을 고루 얹고 깨소금을 뿌린다.

돌나물이 한창 나오는 봄철, 오징어와 함께 매콤새콤하게 즐길 수 있는 대표적인 한식 봄 샐러드다. 보통 초고추장으로 버무리는데, 초고추장 양파 드레싱을 이용하면 달콤하면서도 부드러운 맛이 더해진다.

북어채 골뱅이샐러드

우리에게 친근한 술안주로 한식에서는 무침이고 양식 조리법에 의하면 샐러드다.
북어채는 물에 헹구지 않도록 주의하고,
골뱅이는 데친 뒤 생강즙과 매실청에 재워 잡맛을 잡아야 맛이 깔끔하다.

북어채 또는 황태채 1줌
대파(흰 부분) 3대 분량
골뱅이 통조림 1캔
생강즙 1작은술
매실청 1큰술
참기름 1큰술

양념
고춧가루 2큰술
파슬리가루·바질가루·오레가노가루 약간씩
소금 1/4작은술
깨소금 1큰술

1. 북어채는 가늘게 찢는다.
   대파는 5cm 길이로 토막 낸 뒤 반을 갈라 곱게 채 썬다.
   채 썬 대파는 찬물에 담가 매운맛을 빼고,
   채소탈수기에 충분히 돌려 물기를 뺀다.
2. 골뱅이는 국물을 따라내고 끓는 물에 살짝 데친 뒤
   찬물에 담가 식힌다.
3. 골뱅이는 물기를 제거한 뒤 생강즙, 매실청, 참기름에 버무려
   잠시 재운다.
4. 골뱅이, 파채, 북어채를 한데 담고, 고춧가루, 파슬리가루, 바질가루,
   오레가노가루, 소금, 깨소금을 넣어 가볍게 버무려 그릇에 담는다.

어울리는 드레싱
초고추장 양파 드레싱

NOTE

북어채는 물에 헹구지 않는다
북어를 말려 가늘게 찢어놓은 것이 북어채다. 뻣뻣하다고 물에 담갔다가는 흡수력이 좋아 물을 흠뻑 빨아들여 샐러드에 넣었을 때 물과 북어 맛이 배어나 맛이 싱거워진다. 북어채는 골뱅이, 대파채와 함께 양념에 버무리기만 해도 충분히 양념의 수분을 흡수해 먹기 좋은 상태로 불려진다.

seafood salad

해파리냉채샐러드

쫄깃한 해파리와 오이, 파프리카 등의 채소를 연겨자 드레싱에 버무려 내는 중국의 대표적인 냉채 요리다.
톡 쏘는 연겨자 드레싱이 포인트인데, 게맛살을 넣어 부드러운 맛을 더해주면
매운맛도 부담 없이 즐길 수 있다. 배나 사과, 양파 등을 더해도 좋다.

연겨자 드레싱
연겨자 1큰술
식초 3큰술
설탕 2작은술
다진 마늘 ½큰술
간장 ½작은술

볼에 재료를 담고 고루 섞어 차게 보관한다.

어울리는 드레싱
허니 머스터드 드레싱

해파리 420g
오이 100g(⅔개)
당근 30g(⅕개)
빨강 파프리카 120g(큰 것 ½개)
게맛살 3줄

밑간 양념
식초 1큰술, 설탕 1큰술, 다진 마늘 ½큰술, 소금 약간

1. 해파리는 미지근한 물에 담근 채 바락바락 주물러 여러 번 헹군 다음 찬물에 1~2시간가량 담가 냄새와 짠맛을 뺀다.

2. 팔팔 끓는 물에 해파리를 넣고 5초간 살짝 데친 다음 재빨리 찬물에 헹궈 물기를 뺀다.

3. 볼에 해파리와 밑간 양념을 넣고 고루 버무려 30분 정도 재운 뒤 체에 밭쳐 물기를 뺀다.

4. 오이는 5cm 길이로 토막 내 채 썰고, 당근도 길이를 맞춰 곱게 채 썬다. 파프리카는 씨를 훑어내 채 썰고, 게맛살은 결대로 뜯는다.

5. 볼에 해파리, 오이, 당근, 파프리카, 게맛살을 담고 드레싱을 넣고 버무려 그릇에 담는다.

연겨자 드레싱의 다양한 쓰임새
톡 쏘면서 새콤달콤한 맛이 일품인 연겨자 드레싱은 대표적인 해파리냉채 드레싱으로 해물냉채에 잘 어울린다. 또한 닭고기 안심과 채소를 채 썰어 연겨자드레싱에 버무려도 맛있는 닭안심샐러드가 된다. 또 삶은 마카로니와 통조림 참치, 통조림 옥수수, 잘게 썬 양배추를 연겨자 소스에 버무려도 일품 샐러드가 된다. 연겨자 드레싱에 마요네즈를 섞어 딥 소스로 만들어 여러 가지 채소 스틱을 찍어 먹어도 좋다.

seafood salad

고기 샐러드는 다양한 매력을 지닌 요리다.
샐러드와 고기가 만나면 화려하고 푸짐한 메인 요리가 된다. 또 초대 요리가 되고, 술안주가 되기도 하며, 품 나는 반찬이 되기도 한다. 반면 칼로리가 낮은 닭고기를 이용하면, 영양까지 만족시키는 다이어트 요리가 된다.
고기 샐러드는 고기의 장점인 특유의 감칠맛을 살리면서, 단점인 냄새와 퍽퍽한 맛을 채소와 드레싱이 중화해준다. 또한 샐러드의 채소는 고기의 소화를 돕는데, 금세 포만감이 느껴지기 때문에 과식도 예방할 수 있다.
고기 요리에 단순히 채소를 곁들이는 것을 넘어 샐러드가 되게 해주는 것은 드레싱이다. 오렌지즙이나 레몬즙, 허브, 겨자, 머스터드, 향신료 등 개성 있는 맛과 향을 가미한 강한 드레싱이 고기 샐러드에 잘 어울린다.

PART FiVE. 고.기. 샐.러.드.

Meat Salad

Meat Salad Basics

| 샐러드에 어울리는
| 고기

돼지고기 목살
돼지고기 목살은 기름이 없는 살코기를 얇은 기름층이 감싸고 있어 찌거나 삶으면 더없이 담백해진다. 쫄깃하면서 톡톡한 맛이 있는, 좋은 부위이다.

돼지고기 등심
돼지고기 등심은 살코기 부분에는 지방이 없고, 주변으로 지방층이 살짝 붙어 있어 적당한 기름과 살코기를 즐길 수 있는 부위. 맛이 담백하면서 고소해서 구이, 튀김 등에 두루 사용할 수 있다.

닭 안심살 & 닭 가슴살
닭 가슴살과 안심살은 기름이 거의 없는 단백질 덩어리인 부위로 칼로리가 낮은 반면 단백질이 풍부해 다이어트식으로 인기가 많다. 잘못 조리하면 퍽퍽해질 수 있지만, 조리법을 잘 따르면 한층 담백하며 부드러운 닭 요리를 즐길 수 있다.

생햄(프로슈토)
햄을 말려 만든 프로슈토. 살짝 쿰쿰한 냄새가 있지만 풍미가 짙고, 생고기의 쫄깃한 식감을 간직하고 있다.

훈제 오리고기
선홍색을 띠며 지방이 많고, 특유의 냄새가 있지만 고소하고 감칠맛이 나는 좋은 고기이다. 요즘은 냄새를 빼고 훈제한 오리고기가 많이 나오는데, 이것을 샐러드에 활용하면 훨씬 간편하다.

쇠고기 꾸리살(육회감)
육회는 꾸리살 또는 홍두깨살, 우둔살, 설깃살 부위를 쓰는데, 냉동된 상태의 고기를 썰어 사용하는 경우도 있지만, 냉동 상태의 육회 고기는 녹으면서 핏물이 많이 나와 맛을 떨어뜨린다. 핏물을 뺀 생고기를 두어 시간 얼렸다가 먹기 직전에 꺼내어 바로 사용하면, 쫄깃하면서 신선한 육회를 즐길 수 있다.

쇠고기 등심(채끝등심)
쇠고기 등심은 근육과 지방이 잘 어우러진 부위로, 오래 구우면 딱딱하고 퍽퍽하지만, 적당히 잘 구우면 부드러운 지방과 살코기를 맛볼 수 있다.

쇠고기 차돌박이
기름진 부위와 살코기 부위가 살짝 나뉘는 듯 어우러진 특이한 부위. 기름이 많기 때문에 많은 양을 샐러드에 사용하기보다는 곁들이는 정도로 넣어 감칠맛을 더한다.

쇠고기 아롱사태
지방이 없는 부위인 사태 중에서 가운데 지방과 근육 층이 아롱지게 모양을 잡고 있어 아롱사태라는 이름이 붙여졌다. 찜 요리에 제격이어서 물에 그대로 삶아 건져 썰어 여러 가지 샐러드에 곁들이면 일품이다.

쇠고기 살치
기름과 고기가 4:6 정도의 비율로 아롱지게 어우러져 있는 고소한 부위. 기름 층이 많이 있어 특유의 감칠맛이 난다. 구워 먹는 용도로 많이 쓰이며, 구워서 샐러드에 이용한다.

닭고기 조리하기

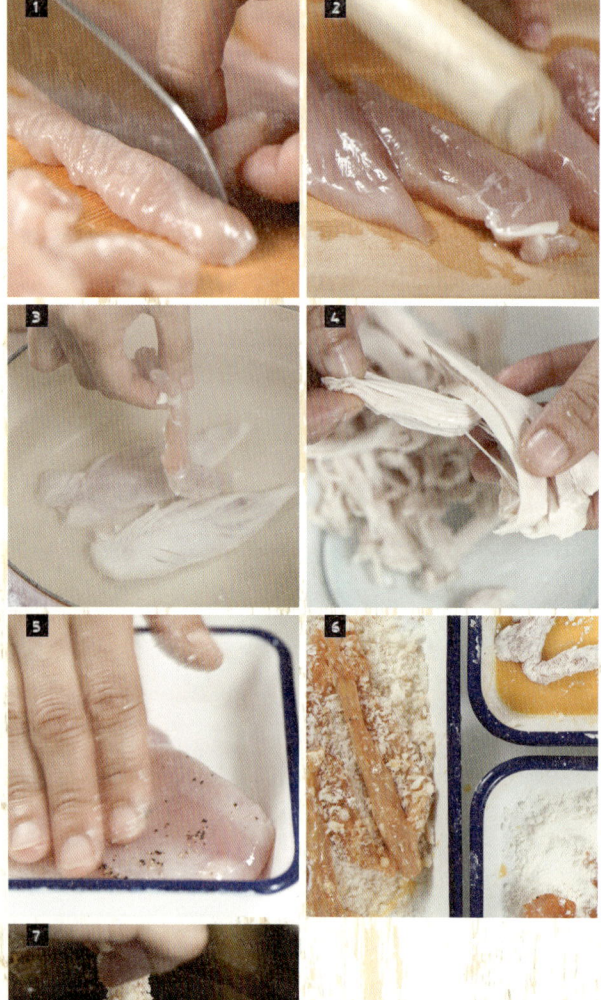

손질하기
1. 닭 안심살이든 가슴살이든 가장자리의 지방이나 껍질을 떼야 깔끔하다.
2. 가슴살과 안심살은 방망이로 두들겨 고기를 편다.

삶기
3. 가슴살이나 안심살은 끓는 물에 넣고 속까지 완전히 익어 하얘지도록 삶거나 끓는 물에 넣고 불을 끄고 뚜껑을 덮어 자연스럽게 익힌다.
이때 청주를 한 스푼 넣어주면 누린내를 없애는 데 도움이 된다.
4. 삶은 고기는 그대로 한 김 식힌 뒤 먹기 좋은 굵기로 찢는다.

양념하기
5. 닭 가슴살이나 안심살에 소금, 후춧가루를 뿌리고 문질러 밑간한다. 청주를 뿌려도 좋다.

튀김옷 입히기
6. 밑간한 가슴살이나 안심살에 밀가루를 묻힌 뒤 뭉치지 않게 털어낸다.
달걀 푼 물에 담갔다가 빵가루를 골고루 묻혀가며 살짝 눌러 옷을 입힌다.

튀기기
7. 냄비에 기름을 반쯤 넣고 150~160℃로 달군다. 닭고기를 넣어 밝은 갈색을 띨 정도로 튀겨 건지는데, 한 번만 튀겨도 되고, 먹기 직전에 20~30초 정도 한 번 더 튀기면 바삭해진다.
튀긴 닭고기는 망에 받쳐 기름을 빼는데, 키친타월에 올려놓으면 다시 기름을 흡수해 눅눅해진다.

스테이크 굽기

 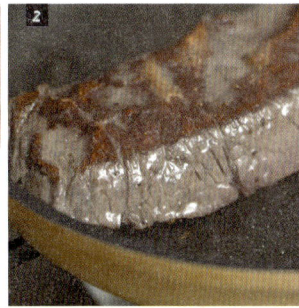 

1. 스테이크는 적어도 2cm 이상의 두께로 썰어 올리브유와 소금, 후춧가루를 뿌린 다음 고루 문질러 20~30분간 두어 밑간한다.

2. 뜨겁게 달군 팬에 고기를 얹고 1분간 그대로 센 불에서 굽다가 중간 불로 줄여 뚜껑을 덮고 2분간 더 굽는다.
   다시 고기를 뒤집어 뚜껑을 덮고 3분간 굽는다.

3. 구운 스테이크는 쿠킹 포일에 감싸 그대로 5분간 두었다가 썰면, 미디엄 웰던 상태의 스테이크가 완성된다.
   썰 때는 칼을 비스듬히 넣어 썬다.

수육 삶기

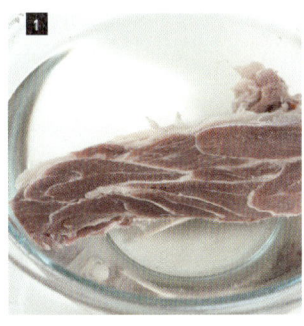  

1. 고기를 찬물에 1~2시간 담가 핏물을 뺀다.
   중간에 물을 갈아주면 잘 빠진다.

2. 쇠고기: 냄비에 담고 물, 대파, 통후추를 넣어 삶는다.

3. 돼지고기: 핏물 뺀 돼지고기는 소금, 후춧가루를 뿌려 밑간한 뒤 팬에 지져서 껍질을 만든 다음 향신 재료, 물을 넣고 푹 삶는다.
   미리 구우면 육즙이 덜 빠져나와 수육이 촉촉하다.

돼지고기에 어울리는 향신 재료
마늘, 양파, 생강, 매운 고추, 월계수잎, 통후추, 팔각

meat salad 195

케이준 치킨샐러드

패밀리 레스토랑의 대표 메뉴인 케이준 치킨샐러드는 어른이나 아이 모두 좋아하는 인기 메뉴다.
부드러운 닭 안심살을 케이준 스파이스라고 알려진 매운 양념에 재웠다가
바삭하게 튀겨 채소와 함께 즐기는 샐러드다.

머스터드 요구르트 드레싱
플레인 요구르트 1개
마요네즈 2큰술
레몬즙 1큰술
후춧가루 약간
디종 머스터드 2큰술
베이컨 2장

베이컨은 노릇하게 구워 잘게 다진 뒤 나머지 재료와 고루 섞는다.

+
어울리는 드레싱
요구르트 드레싱
시저 드레싱
양파 드레싱

닭 안심살 250g(7쪽)
샐러드 채소(치커리, 로메인 상추 등) 150g
방울토마토 100g(5개)
식용유(튀김용) 적당량
구운 아몬드 10개 ➡ 구운 아몬드 024쪽
파르메산 치즈 약간

밑간 양념
소금·후춧가루 약간씩, 고춧가루 1작은술±α, 청주 1큰술

튀김옷
밀가루 1컵, 달걀 2개, 빵가루 2컵

1. 방울토마토는 반으로 썬다. 샐러드 채소는 먹기 좋게 찢어 찬물에 담가 싱싱해지면 건져낸 뒤 물기를 뺀다.
2. 닭 안심살은 방망이로 두들겨 편 뒤 길이 방향으로 반 갈라 밑간 양념을 넣고 버무려 재운다.
3. 달걀을 푼 다음 밑간한 닭 안심살에 밀가루를 묻혀 달걀옷을 입히고 빵가루를 묻힌다.
4. 냄비에 식용유를 절반 정도 넣어 150~160℃ 정도로 달군 뒤 닭 안심살을 넣어 노릇하게 튀겨 망에 올려서 기름기를 뺀다.
5. 손질한 채소와 방울토마토를 섞어 그릇에 담고, 튀긴 닭 안심살을 올린다. 드레싱을 뿌린 뒤 구운 아몬드를 고루 얹고 파르메산 치즈를 치즈강판에 갈아 뿌린다.

NOTE

케이준 치킨샐러드의 고향은 미국, 만든 이는 프랑스인

캐나다의 아카디아(현재의 노바스코샤)에 살던 프랑스인들이 18세기 중반 영국인들에 의해 미국 남부의 루이지애나로 강제 이주되었는데, 그곳에서 해먹던 요리가 발전해서 케이준 치킨샐러드가 되었다. 케이준이라는 말은 아카디아라는 말이 토착 인디언들에 의해 와전되면서 붙여진 이름이다.
척박하고 궁핍한 생활을 하던 프랑스인들은 프랑스식의 아름다운 요리 대신 거친 재료를 가지고 요리를 하면서, 맛을 보완하기 위해 강한 양념을 썼는데 바로 케이준 스파이스라는 양념 믹스다.
마늘, 양파, 칠리, 후추, 겨자, 셀러리 등을 섞은 케이준 스파이스는 매운맛이 나서 우리나라 사람들의 입맛에 잘 맞고, 달콤하고 부드러운 머스터드 드레싱이 더해져 특히 인기가 많다.

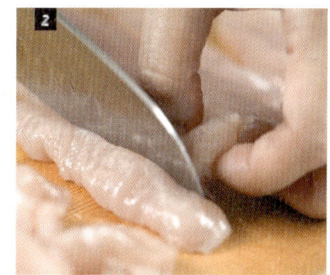

온™ 채소 닭가슴살샐러드

닭 가슴살은 지방이 거의 없어 담백하고 부드럽지만, 자칫 퍽퍽하게 느껴질 수도 있다.
미리 밑간했다가 팬에 기름을 두르고 청주를 넣어 구우면 육질이 촉촉해진다.

마요네즈 양파 드레싱
양파 드레싱 4큰술
➡ 양파 드레싱 042쪽
마요네즈 1/2컵
간장 1큰술
다진 양파 3큰술
흑임자가루 약간

닭 가슴살 300g(3쪽)
그린 빈스 150g(1줌·40~50개)
당근 100g(큰 것 1/2개)
소금·후춧가루 약간씩
식용유 2큰술
청주 3큰술(1/4컵)

양파 드레싱에 마요네즈와
나머지 재료를 모두 넣어 고루 섞는다.

1. 닭 가슴살은 밀대로 가볍게 두드린 뒤 소금과 후춧가루를 양면에
   고루 뿌려 손으로 가볍게 문지른다.

2. 그린 빈스는 반으로 썰고 당근은 3cm 길이로 썰어 굵게 채 썬다.

3. 소금 넣은 끓는 물에 그린 빈스를 넣어 4분간 데친다.
   중간에 당근을 넣어 1분간 데치고 한꺼번에 건져
   찬물에 헹군 다음 물기를 뺀다.

4. 기름을 두른 팬에 닭 가슴살을 넣고 중간 불에 앞뒤로 노릇하게
   구운 뒤 청주를 넣어 뚜껑을 덮은 다음 찌듯이 익혀 굽는다.

5. 구운 닭 가슴살은 한 김 식혀 다른 채소와 비슷한 굵기로 썰어
   그린 빈스, 당근과 함께 가볍게 섞는다.
   드레싱으로 버무려 담아도 되고
   샐러드 재료를 먼저 담은 후 드레싱을 끼얹어도 된다.

⊕
어울리는 드레싱
홀그레인 머스터드 드레싱
허니 머스터드 드레싱
마늘 드레싱

NOTE

연겨자 드레싱의 다양한 쓰임새
톡 쏘면서 새콤달콤한 맛이 일품인 연겨자 드레싱은 대표적인 해파리냉채 드레싱으로 해물냉채에 잘 어울린다. 또한 닭고기 안심과 채소를 채 썰어 연겨자드레싱에 버무려도 맛있는 닭안심샐러드가 된다. 또 삶은 마카로니와 통조림 참치, 통조림 옥수수, 잘게 썬 양배추를 연겨자소스에 버무려도 일품 샐러드가 된다. 연겨자 드레싱에 마요네즈를 섞어 딥 소스로 만들어 여러 가지 채소 스틱을 찍어 먹어도 좋다.

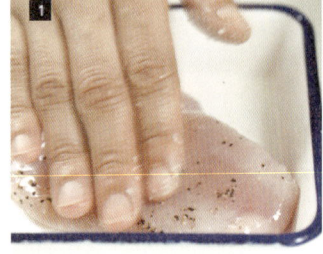

에스닉 닭안심샐러드

에스닉 닭안심샐러드는 동남아풍의 매콤달콤한 샐러드.
닭 안심살의 부드럽게 씹히는 맛과 콩의 담백함, 보리새우의 고소함이 잘 어우러지고,
라이스 페이퍼를 물에 불려 넣어 쫄깃한 식감을 더한 재미있는 샐러드다.

칠리 드레싱
물 4큰술
식초 1작은술
레몬즙 1작은술
두반장 1작은술
다진 마늘 1작은술
다진 청양고추 2개 분량
소금 1/2작은술
설탕 4큰술

볼에 재료를 모두 넣어
설탕이 녹을 정도로
충분히 저어 섞는다.

+
어울리는 드레싱
레몬 드레싱 ❶ ❷
피시소스 드레싱
액젓 드레싱

닭 안심살 400g(8쪽)
보리새우 10g
라이스 페이퍼 5장
래디시 30g(2개)
상추 30g(6장)
베이비 채소 50g
삶은 모둠 콩 50g
튀긴 양파 1~2큰술 ➡ 튀긴 양파 017쪽
구운 잣 1큰술 ➡ 구운 잣 024쪽

닭고기 삶는 물
물 5컵, 소금 1작은술, 청주 1큰술

1. 닭 안심살은 밀대로 가볍게 두들겨 편다.

2. 냄비에 닭고기 삶는 물 재료를 넣고 한소끔 끓인 뒤 불을 끄고
   닭 안심살을 넣어 뚜껑을 덮은 채로 10~15분간 두었다가 꺼내어
   먹기 좋게 찢어 랩이나 뚜껑으로 덮어둔다.

3. 보리새우와 라이스 페이퍼는 물에 불린 뒤,
   보리새우는 물기를 빼고, 라이스 페이퍼는 먹기 좋게 찢는다.

4. 래디시는 얇게 썰고, 상추는 4cm 길이로 썬다.

5. 볼에 닭 안심살, 라이스 페이퍼, 래디시, 상추, 베이비 채소,
   삶은 모둠 콩을 담고 칠리 드레싱을 반만 덜어 버무려 그릇에 담는다.
   고명으로 튀긴 양파, 불린 보리새우, 구운 잣을 뿌리고
   남은 칠리 드레싱을 곁들인다.

NOTE
에스닉이란?
에스닉이라는 말은 민속적이고 향토적이라는 의미를 가지고 있다. 지극히 이국적이면서 그 나라의 민속적인 느낌을 지닌 것을 통틀어 '에스닉하다'라고 표현하는데, 이 에스닉 닭안심샐러드는 동남아시아의 토속적인 느낌을 지닌 샐러드다. 여러 나라의 양념과 재료를 이용해 다양한 나라의 에스닉 샐러드를 만들어 보자.

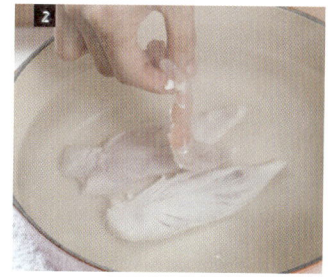

닭고기냉채샐러드

담백한 닭고기와 신선한 채소를 듬뿍 넣고, 매콤달콤한 허니 머스터드 드레싱으로 버무린 한식 샐러드로 입맛을 돋우는 데 그만이다. 계절에 따라 봄동 어린잎이나 쌈 배추를 올려도 별미고, 사과나 단감 등을 넣어도 좋다.

허니 머스터드 드레싱
디종 머스터드 2큰술
연겨자 1작은술
식초 2큰술
꿀 3큰술
다진 청양고추 1큰술
참기름 1큰술
깨소금 1/4작은술
양파 드레싱 2큰술
➡ 양파 드레싱 042쪽

⌄

볼에 재료를 모두 넣고 고루 섞는다.

➕

어울리는 드레싱
오렌지 머스터드 드레싱
연겨자 드레싱
들깨 드레싱
참깨 드레싱

닭 가슴살 230g(2쪽)
당근 80g(중간 크기 1/2개)
양상추 50g(1~2장)
양파 200g(중간 크기 1개)
노랑 파프리카 250g(큰 것 1개)
영양부추 70g(1줌)
팽이버섯 60g(1/2봉)

닭고기 삶는 물
물 5컵, 소금 1작은술, 청주 1큰술

1. 닭 가슴살은 밀대로 가볍게 두들긴다.
2. 냄비에 닭고기 삶는 물 재료를 넣고 한소끔 끓인 뒤 불을 끄고 닭 가슴살을 넣어 뚜껑을 덮은 채로 20분간 두었다가 꺼내어 먹기 좋게 가늘게 찢어 랩이나 뚜껑을 덮어둔다.
3. 당근과 양상추, 양파는 곱게 채 썰어 찬물에 담갔다가 물기를 빼고, 노랑 파프리카는 반으로 갈라 씨를 훑어낸 뒤 곱게 채 썬다.
4. 영양부추는 깨끗이 다듬어 4cm 길이로 썰고, 팽이버섯은 밑동을 잘라낸 뒤 반으로 썰어 가닥가닥 찢는다.
5. 큰 볼에 손질한 닭 가슴살과 갖은 채소를 섞은 뒤 드레싱을 넣어 가볍게 버무려 그릇에 담는다.

순두부 닭고기샐러드

들깨의 고소한 향이 입맛을 돋우는 샐러드다.
들깨 드레싱은 우유를 넣어 농도를 조절하고 국간장으로 감칠맛을 낸다.
닭 가슴살이 담백하므로 오이를 넣어 신선한 맛을 더한다.

들깨 드레싱
들깻가루 6큰술
생크림 2큰술
우유 3~4큰술
다진 생강 1/3작은술
다진 마늘 1/3작은술
국간장 1큰술
현미식초 1작은술
소금 1/2작은술
설탕 2작은술

믹서에 재료를 모두 넣고
갈아 고루 섞는다.
전체적으로 고루 섞여
부드러운 상태가 되도록 간다.

어울리는 드레싱
참깨 드레싱
머스터드 요구르트 드레싱
미소 간장 드레싱

몽글몽글 순두부 1/2봉
닭 가슴살 200g(2쪽)
오이 180g(1개)
대파 1/2대
거피 들깻가루 약간

닭고기 삶는 물
물 5컵, 소금 1작은술, 청주 1큰술

1. 몽글몽글 순두부는 체에 밭쳐 물기를 충분히 뺀다.
2. 닭 가슴살은 밀대로 가볍게 두들긴다.
   냄비에 닭고기 삶는 물 재료를 넣고 끓이다가 불을 끄고
   닭 가슴살을 넣어 뚜껑을 덮은 채로 20분간 두었다가 꺼내어
   먹기 좋게 찢어 랩이나 뚜껑을 덮어둔다.
3. 오이는 필러로 중간중간 껍질을 벗긴 뒤 5cm 길이로 가늘게 채 썬다.
   대파는 흰대로 준비해 5cm 길이로 토막 낸 뒤 곱게 채 썰어
   찬물에 담가 아린 맛을 뺀 뒤 건져 물기를 뺀다.
4. 닭 가슴살, 오이, 대파를 한데 섞은 뒤 들깨 드레싱을 4큰술 정도
   넣어 가볍게 버무린다.
5. 그릇에 드레싱을 적당량 깔고 순두부를 올린다.
   닭고기와 오이 버무린 것을 올린 뒤 남은 드레싱을 고루 끼얹는다.

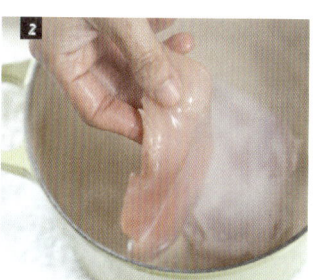

NOTE

몽글몽글 순두부는?
재래식 순두부 방식으로 만든 것으로 흔히 초당순두부로 알려져 있다. 콩을 간 것에 간수를 섞어 몽글몽글하게 작은 덩어리로 두부가 엉기면 물을 빼지 않고 콩국물과 함께 담아 판매한다. 덩어리진 순두부보다 고소하다. 재래식 순두부, 초당순두부를 넣어도 좋고, 보통 순두부나 연두부로 만들어도 된다.

루콜라를 곁들인 채끝등심샐러드

쌉쌀한 루콜라에 구운 채끝등심을 싸 먹는 카페 스타일의 고급 샐러드다.
쇠고기는 등심이나 채끝, 살치, 토시살, 안창살, 안심 등
구워 먹기 좋다면 어느 부위라도 어울린다.

오렌지 머스터드 드레싱
오렌지 농축액 6큰술
레몬즙 2큰술
꿀 1큰술
디종 머스터드 1큰술
생강즙 1작은술
소금 1/3작은술
후춧가루 약간
올리브유 4큰술

냄비에 오렌지 농축액과 레몬즙을 넣고
약한 불에서 끓여 절반 분량인 4큰술
정도가 될 때까지 졸인 뒤 식힌다.
여기에 꿀, 머스터드, 생강즙, 소금,
후춧가루를 넣어 잘 섞는다.
올리브유를 조금씩 넣어가며
거품기로 충분히 저어 잘 섞는다.
〉오렌지 농축액 대신 오렌지즙이나 주스를
끓여 1/4 분량으로 졸여서 넣어도 된다.

어울리는 드레싱
홀그레인 머스터드 드레싱
허니 머스터드 드레싱
마늘 드레싱

쇠고기 채끝등심 500g
루콜라 100g(2줌)
그라나 파다노 치즈 또는 파르메산 치즈 20g
소금·후춧가루·올리브유 약간씩

1. 루콜라는 깨끗이 씻어 뿌리 부분을 잘라낸 뒤
   찬물에 싱싱해지도록 담갔다가 건져 채소탈수기로 물기를 뺀다.
2. 쇠고기 채끝등심은 썰어놓은 것으로 구입해
   키친타월로 감싸 핏물을 뺀다.
3. 팬을 뜨겁게 달군 뒤 쇠고기를 올리고 소금과 후춧가루를
   뿌려가며 앞뒤로 노릇하게 굽는다.
4. 잘 구운 쇠고기는 그릇에 담고,
   옆에 루콜라를 수북이 담은 뒤 드레싱을 뿌린다.
   치즈를 감자 필러로 얇게 밀어 고루 뿌린다.

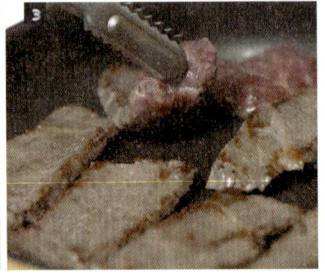

파슬리 드레싱 안심스테이크샐러드

스테이크샐러드에 아주 잘 어울리는 파슬리 드레싱은
파슬리를 듬뿍 넣어 쌉싸래하면서 풀 향기가 나서 고기 요리에 참 잘 어울린다.
채소는 크레송도 좋지만 루콜라나 시금치, 유채 등 기호에 따라 대체해도 좋다.

파슬리 드레싱
레몬 1개
양파 1/4개
이탈리안 파슬리잎 2컵
말린 오레가노 약간
레드 와인 식초 1큰술
올리브유 2큰술
소금 1/4작은술
후춧가루 약간

드레싱 재료 중 양파는 대충 썰어
믹서에 담고, 레몬은 즙을 짜 넣는다.
나머지 재료들을 모두 넣어 곱게 간다.

➕
어울리는 드레싱
발사믹 드레싱
크랜베리 드레싱
올리브 드레싱
시저 드레싱

쇠고기 안심 400g(2.5cm 두께 200g짜리 2덩어리)
크레송 100g(2팩)
양파 100g(중간 크기 1/2개)
소금·후춧가루·올리브유 약간씩

1. 쇠고기는 앞뒤로 소금과 후춧가루, 올리브유를 뿌리고
   가볍게 문질러 5~10분간 재운다.
2. 크레송은 찬물에 여러 번 흔들어 씻은 뒤 물기를 뺀다.
   양파는 곱게 채 썰어 찬물에 담가 아린 맛을 제거한 뒤
   건져 물기를 뺀다.
3. 팬을 충분히 가열하여 열이 오르면, 쇠고기를 넣어 1분간 구운 뒤
   중간 불로 줄여 뚜껑을 덮은 채로 2분간 굽는다.
   쇠고기를 뒤집고 뚜껑을 덮어 3분간 구운 뒤 불을 끄고
   그대로 두어 5분간 레스팅한다.
4. 구운 쇠고기는 먹기 좋은 두께로 비스듬히 썰어 그릇에 담는다.
5. 크레송과 양파를 고루 섞어 접시 한쪽에 담고,
   파슬리 드레싱을 뿌린다.

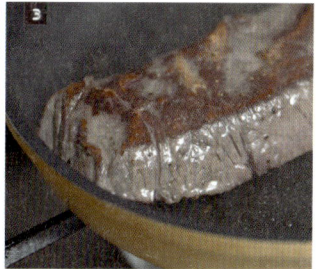

NOTE

스테이크 맛있게 굽기

스테이크는 적어도 2cm 이상의 두께로 썰어 올리브유와 소금, 후춧가루를 뿌려 고루
문지른 다음 20~30분간 두어 밑간한다. 시간이 없으면 10분 정도만 재워도 된다.
뜨겁게 달군 팬에 고기를 얹고 1분간 센 불에서 굽다가, 중간 불로 줄여 뚜껑을 살짝 비
스듬히 열리도록 덮어 2분 더 굽는다. 고기를 뒤집어 뚜껑을 비스듬히 열리게 덮고 3
분간 더 구운 뒤, 꺼내어 쿠킹 포일에 감싸 5분간 두어 레스팅한다. 꺼내어 썰면 미디엄
웰던 상태의 스테이크가 완성된다.
이때 중요한 것이 뚜껑을 덮어가며 굽고 레스팅 시간을 꼭 가져야 한다는 것. 레스팅하
는 동안 고기가 가지고 있던 열이 천천히 속까지 전달되어 부드럽게 익는다.

지방이 많은 차돌박이는 고소한 맛이 있으나 구워놓으면 자칫 딱딱해질 수 있다.
미리 양념에 재웠다가 구우면 부드러워지는데,
굽기 전에 체에 밭쳐 양념의 물기를 빼야 한다.

루콜라를 올린 차돌박이 샐러드

파르메산 치즈 드레싱
파르메산 치즈 30g
다진 마늘 2큰술
올리브유 6큰술
다진 청양고추 1개 분량
마른 태국고추 3개
다진 파슬리 2큰술

치즈를 제외한 모든 재료를 잘 섞어 전자레인지에서 1분간 돌린 뒤 꺼내어 치즈를 넣어 녹인다.

➕
어울리는 드레싱
토마토 안초비 드레싱
발사믹 올리브유 드레싱

쇠고기 차돌박이 400g
적양파 100g(작은 것 1개)
루콜라 100~150g(2~3줌)

밑간 양념
레드 와인 식초 1큰술, 레몬즙 1큰술, 간 양파 또는 배즙 4큰술, 간장 1큰술, 꿀 1큰술, 다진 마늘 1큰술, 소금 ¼작은술

1. 볼에 밑간 양념을 모두 넣어 섞은 뒤 차돌박이를 넣고 버무려 5~10분간 재운다.
2. 재워둔 차돌박이는 체에 밭쳐 물기를 최대한 뺀다.
3. 뜨겁게 달군 팬에 차돌박이를 넣고 재빨리 노릇하게 구운 뒤 다시 체에 밭친다.
4. 적양파는 곱게 채 썰고, 루콜라는 깨끗이 씻어 찬물에 담갔다가 물기를 뺀 뒤 뿌리 부분을 잘라낸다.
5. 차돌박이와 적양파, 루콜라를 고루 섞어 그릇에 담은 뒤 드레싱을 끼얹는다.

NOTE

양념해서 굽는 차돌박이
차돌박이는 기름이 많은 쇠고기 부위 중 하나이다. 마블링이 삼겹살처럼 층이 구분되어 있는 경우가 많은데, 잘못 구우면 기름이 많이 빠져 딱딱해질 수 있다. 차돌박이에 밑간을 하면 육질이 한 층 부드러워진다. 구울 때는 센 불에서 핏기가 살짝 사라질 정도로만 재빨리 구워 꺼낸다.

풋마늘대와 볶은 차돌박이샐러드

차돌박이 300g
풋마늘대 100g(10대)
소금 ¼작은술
참기름 1큰술

어울리는 드레싱
굴소스 드레싱
청양고추장아찌 드레싱

1. 풋마늘대는 깨끗이 다듬어 뿌리 부분을 잘라낸 뒤 4cm 길이로 어슷하게 썬다. 두꺼운 부분은 반으로 갈라 썬다.
2. 뜨겁게 달군 팬에 차돌박이를 올리고 소금을 뿌려가며 핏기가 가시게 앞뒤로 살짝 굽는다.
3. 고기가 잘 익으면 꺼낸 다음 그 팬에 그대로 풋마늘대를 넣어 살짝 볶아 차돌박이와 섞는다.
4. 차돌박이와 풋마늘대에 나머지 소금과 참기름을 섞어 그릇에 담는다.

NOTE
차돌박이와 풋마늘대는 살짝만 굽는다
차돌박이는 핏기가 가실 정도로만 구워야 부드럽다. 너무 바짝 익히면 고기가 딱딱해지기 때문이다. 풋마늘대는 그냥 먹어도 좋은 채소지만, 아린 맛이 강하기 때문에 센 불에 잠시 볶으면 단맛이 살짝 우러나 훨씬 부드러운 풋마늘대 요리를 즐길 수 있다.

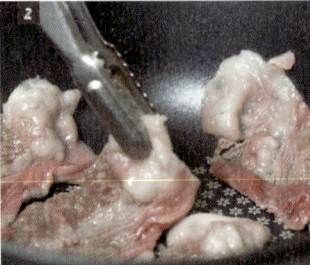

드레싱이 없는 초간단 샐러드로 손님상의 고급반찬으로 내도 훌륭하다.
기름진 차돌박이에 상큼한 풋마늘대를 곁들여 느끼함을 줄였다.
봄에는 풋마늘대를 쓰지만, 살짝 데친 마늘종이나 청경채 등의 채소를 넣어도 좋다.

육회샐러드

고추장 드레싱
고추장 3큰술
다진 파 1큰술
다진 마늘 1작은술
유자청 1작은술
매실청 1큰술
깨소금 1작은술
참기름 1작은술

볼에 재료를 모두 담고
고루 섞는다.

어울리는 드레싱
초고추장 양파 드레싱

쇠고기 육회용(홍두깨살, 우둔살 등) 300g
배 250g(큰 것 1/2개)
미나리 40g(1/2줌)
쑥갓잎 3~4g(1/2컵)

밑간 양념
참기름 1큰술, 다진 마늘 1큰술, 후춧가루 약간

1. 육회감은 냉장 상태의 채 썬 것으로 구입해서 키친타월을 깔고 하나씩 올린 다음 키친타월로 다시 덮고 지그시 눌러 핏물을 뺀다. 랩을 깔고 하나씩 나란히 늘어놓아 냉동실에서 얼린다.
2. 미나리는 연한 것으로 준비해 잎을 떼고 줄기만 4cm 길이로 썬다. 배는 껍질을 벗겨 도톰하게 채 썬다. 쑥갓은 잎만 뗀다.
3. 볼에 미나리와 배, 쑥갓잎을 넣고 고루 섞은 뒤 접시에 넓게 펼쳐 담는다.
4. 냉동실에 두었던 육회감을 꺼내어 밑간 양념으로 가볍게 버무려 그릇 가운데에 담고 드레싱을 끼얹는다. 먹기 전에 고루 버무린다.

고급 한식 메뉴인 육회에 배와 미나리, 쑥갓을 더하니 멋진 샐러드가 되었다.
육회감은 지방이 없고 신선해야 하며, 번거롭더라도 핏물을 빼고 하나씩 펼쳐 꽁꽁 얼려야 한다.
육회감이 녹기 전에 냉장고에서 꺼내 바로 드레싱에 버무려야 맛있다.

쌈 채소 아롱사태냉채샐러드

한국식 샐러드로 보통 겨자 드레싱을 얹지만, 오렌지 머스터드 드레싱도 향과 단맛이 있어 잘 어울린다.
배, 사과, 단감 등의 과일 채를 곁들여도 잘 어울린다.

오렌지 머스터드 드레싱
오렌지 농축액 6큰술
레몬즙 2큰술
꿀 1큰술
홀그레인 머스터드 1큰술
생강즙 1작은술
소금 1/3작은술
후춧가루 약간
올리브유 4큰술

쇠고기 아롱사태 500g
생강 10g(1/2쪽)
마늘 50g(6쪽)
통후추 1작은술
청주 2큰술
대파 1대
양파 100g(중간 크기 1/2개)
깻잎 6g(6장)
상추 30g(5~6장)
쌈 채소 5~6장

냄비에 오렌지 농축액과 레몬즙을 넣고 약한 불에서 끓여 절반 분량인 4큰술 정도가 나올 때까지 졸인 뒤 식힌다. 여기에 꿀, 머스터드, 생강즙, 소금, 후춧가루를 섞고, 올리브유를 조금씩 넣어가며 거품기로 저어 잘 섞는다.

+

어울리는 드레싱
발사믹 드레싱
발사믹 올리브유 드레싱
파슬리 드레싱

1. 아롱사태는 볼에 담고 잠길 정도로 찬물을 부어 핏물을 뺀다. 중간중간 찬물을 갈아주며 2~3시간 동안 충분히 핏물을 뺀다.

2. 핏물 뺀 아롱사태는 냄비에 담고 잠기도록 물을 부은 뒤, 생강은 편으로 썰어 넣고, 마늘, 통후추, 청주, 대파를 넣어 50분~1시간 동안 팔팔 끓여 삶는다.

3. 마지막에 꼬챙이로 찔러보아 핏물이 나오지 않을 정도로 익으면 건져 한 김 식혀 먹기 좋은 크기로 얇게 썬다.
(남은 국물은 걸러 보관하였다가 다른 국물 요리에 육수로 사용한다.)

4. 양파는 곱게 채 썰어 찬물에 담가 아린 맛을 빼고 건져 물기를 뺀다. 깻잎은 돌돌 말아 채 썰고, 상추는 돌돌 말아 1cm 폭으로 두껍게 채 썬다. 쌈 채소는 먹기 좋게 손으로 뜯거나 칼로 썬다.

5. 그릇에 아롱사태를 돌려 담고, 양파와 채소를 섞어 수북이 올린다. 드레싱을 고루 끼얹는다.

meat salad

유채나물 돼지등심스테이크샐러드

돼지고기 등심은 지방이 적어 인기가 없는 부위지만,
향긋한 나물과 함께라면 담백한 고기 샐러드로 즐길 수 있다.
들기름에 무친 유채나물은 담백하면서도 특유의 향이 있어 돼지고기의 맛을 상승시켜 준다.

유채 200g
돼지고기 등심 400g
(1.5cm 두께 200g짜리 2덩어리)
들기름 1큰술
소금 1/4작은술
후춧가루 약간
식용유 약간

어울리는 드레싱
발사믹 올리브 드레싱
마늘 드레싱

1. 유채는 깨끗이 씻어 물기가 있는 채로 냄비에 담고 뚜껑을 덮어
   약한 불에 2~3분간 올려 물 없이 익힌다.
2. 익은 유채는 찬물에 재빨리 헹군 뒤 손으로 살짝 눌러 물기를 뺀다.
3. 유채에 들기름과 소금 절반을 넣어 무친다.
4. 돼지고기는 앞뒷면에 나머지 소금과 후춧가루를 뿌려 문지른 다음
   상온에 잠시 두어 간이 배게 한다.
5. 달군 팬에 기름을 두르고 돼지고기를 넣어
   중간 불에서 2~3분간 구운 뒤 뒤집어 중약 불에서 뚜껑을 덮은 다음
   3분 정도 구워 속까지 잘 익힌다.
6. 구운 돼지고기를 먹기 좋게 썰어 그릇에 담고,
   옆에 유채무침을 담는다. 들기름을 살짝 더 뿌린다.
   돼지고기에 유채무침을 곁들여 먹는다.

NOTE

돼지고기와 어울리는 유채

유채는 '하루나'라는 이름으로도 불리는 담백한 맛의 봄나물. 봄나물은 대부분 특유의 향을 지니고 있어 자칫 다른 음식의 맛을 해칠 수도 있지만, 유채는 부드러우면서도 담백해 들기름이나 참기름에 소금간만 살짝 더하여 가볍게 무쳐 먹기에 제격이다. 특히 돼지고기와 같이 느끼한 맛을 지닌 음식과 어울린다. 유채는 나물과 샐러드로 만들어 먹는데, 루콜라 대신 샐러드나 피자 등에도 어울린다.

중국풍 수육샐러드

산초 드레싱
홍고추 1개
현미식초 또는 흑초 2큰술
고추기름 1큰술
중국 산초 ½작은술
설탕 1작은술
후춧가루 약간
다진 마늘 1작은술
간 땅콩 1큰술
참깨 2작은술

홍고추는 송송 썰어 믹서에
나머지 재료와 함께 넣어 곱게 간다.

어울리는 드레싱
굴소스 드레싱

NOTE
중국 산초
우리나라 산초는 맛과 향이 너무 강한
데 비해 중국 산초는 맛과 향이 은은하
고 매운맛도 덜하다. 중국 식품 전문매
장에서 구입할 수 있다.

돼지고기 목살 600g
오이 180g(1개)
셀러리 50g(1줄기)
대파 1대
식용유 약간

조림장
물 3~4컵, 양파 180g(중간 크기 1개), 마늘 50g(10쪽),
생강 10g(큰 것 ½쪽), 팔각 4g(4개), 마른 태국고추 20g(5~6개),
청주 또는 맛술 3큰술, 월계수잎 3장, 우스터소스 6큰술, 통후추 1작은술

1. 돼지고기는 2~3등분 해 물에 씻어 키친타월에 감싸 물기를 뺀다.
   달군 팬에 기름을 두르고 돼지고기를 겉면이 노릇해질 때까지 지져
   껍질을 만든다.

2. 깊은 냄비에 조림장 재료를 모두 넣는다. 양파는 4~6등분 해 넣는다.

3. 조림장에 돼지고기를 넣고 센 불에서 팔팔 끓인다.
   끓어오르면 중간 불로 줄여 양념이 고루 배도록 5~10분간 조린다.
   약한 불로 바꿔 30~40분간 자작자작해지도록 조린다.

4. 돼지고기가 잘 익으면, 건져 충분히 식힌 뒤 먹기 좋게 썬다.
   남은 조림장은 체에 걸러둔다.

5. 오이는 반으로 갈라 씨를 긁어낸 뒤
   다시 길이 방향으로 길게 갈라 5cm 길이로 썬다.
   셀러리와 대파도 5cm 길이로 토막 내어 얇게 편으로 썬다.

6. 그릇에 오이와 셀러리, 대파를 고루 깔고 산초 드레싱을 뿌린다.
   돼지고기를 올리고 걸러둔 조림장을 고루 끼얹는다.

양파 생햄샐러드

고추장 드레싱
현미유 또는 카놀라유 ½컵
식초 2큰술
머스터드 약간
간 양파 1큰술
설탕 1작은술
소금 ½작은술
후춧가루 약간

∨

볼에 샐러드유를 제외한 나머지 재료를
넣어 설탕이 녹도록 고루 섞은 뒤
현미유를 조금씩 넣어가며 저어
기름이 분리되지 않도록 섞는다.

⊕
어울리는 드레싱
홀그레인 머스터드 드레싱
발사믹 올리브유 드레싱

적양파 75g(중간 크기 ½개)
레몬 ½개
생햄 100g(20장)
이탈리안 파슬리 2~3줄기

1. 적양파는 곱게 채 썰어 차가운 물에 담가 아린 맛을 빼고
   채소탈수기에 넣어 물기를 뺀다.
2. 레몬은 웨지 모양으로 썬 뒤, 부채꼴 모양이 나오도록 얄팍하게 썬다.
3. 생햄은 반으로 썰어 한 장씩 떼어 볼에 담는다.
4. 생햄과 적양파, 레몬을 섞어 그릇에 담고 드레싱을 뿌린 뒤
   이탈리안 파슬리를 잘게 뜯어 올린다.

무쌈 오리고기샐러드

허니 머스터드 드레싱
디종 머스터드 2큰술
연겨자 1작은술
식초 2큰술
꿀 3큰술
다진 청양고추 1큰술
깨소금 ¼작은술
참기름 1큰술
양파 드레싱 2큰술
➡ 양파 드레싱 042쪽

볼에 재료를 모두 넣고
고루 섞는다.

어울리는 드레싱
연겨자 드레싱

훈제 오리고기 250g
시판 무깻잎쌈 300g(1팩)
양파 250g(큰 것 1개)
부추 50g

1. 양파는 곱게 채 썰어 찬물에 담가 아린 맛을 뺀 뒤 건져 물기를 충분히 턴다.
2. 부추는 깨끗이 다듬어 4cm 길이로 썬다. 시판 무깻잎쌈은 물기를 꼭 짠다.
3. 양파와 부추를 고루 섞은 뒤 그릇에 넓게 펼쳐 담는다.
4. 무깻잎쌈에 훈제 오리고기를 한 점씩 올리고 반으로 접어 그릇에 돌려 담는다. 드레싱을 고루 끼얹는다.

면과 채소는 궁합이 좋은 샐러드다.
면은 중독성이 있을 정도로 자꾸 생각나는 음식이다. 날이 더워지면 더워지는 대로, 입맛이 없으면 없는 대로, 소면부터 메밀, 파스타, 쌀국수까지 가벼운 한 끼 식사로 즐기는 메뉴다. 면은 탄수화물 덩어리라서 살찌기 쉽고, 소화가 잘 안 되는 단점이 있다. 하지만 채소와 함께라면 달라진다. 채소를 듬뿍 넣은 면 샐러드는 보다 상큼하고 신선하게 즐길 수 있다. 소화도 잘되고, 칼로리도 줄일 수 있다.
밀가루로 만든 면의 칼로리가 부담된다면 메밀국수, 녹두당면, 실곤약으로 대체해 보자. 훨씬 가벼우면서 든든한 한 끼가 될 것이다.

PART SIX. 면. 샐. 러. 드.

Noodle Salad

Noodle Salad Basics

| 샐러드에 어울리는
면

푸실리
나사처럼 돌돌 말린 모양의 파스타. 따뜻하게 먹는 파스타에도 자주 쓰이지만, 콜드 파스타나 콜드 샐러드에도 잘 어울리는 파스타이다.

마카로니
마카로니는 샐러드에 가장 많이 쓰이는 파스타이다. 모양이 작고 안에 작은 구멍이 있어 톡톡 터지며 씹는 맛이 좋고, 크기가 부담스럽지 않다.

소라 모양 파스타
소라 모양의 파스타로 모양이 예뻐 아이들이 먹는 샐러드에 넣으면 좋다. 숫자 모양, 알파벳 모양의 다양한 파스타가 있으니 소라 모양 대신 써보자.

실곤약
칼로리가 낮은 곤약은 대표적인 다이어트 식품이다. 실곤약은 국수처럼 뽑아 만든 곤약으로, 그냥 쓰면 곤약에서 나는 비릿한 냄새가 있다. 끓는 물에 살짝 데쳐 쓰면 기분 나쁜 향을 없애고 쫀득쫀득하면서 오독거리는 곤약을 즐길 수 있다.

당면
흔히 잡채 재료로 쓰는 당면. 녹두당면보다는 밀도가 낮아 적절히 쫄깃하면서 오독오독 씹히는 느낌이 있다.

녹두당면
녹두당면은 녹두에서 녹말 성분을 우려 만든 면으로 쫄깃하고 씹으면 씹을수록 단맛이 난다. 다양한 중국 요리에 쓰이는 면으로 샐러드에 넣으면 쫄깃한 맛이 더해져 더욱 좋다.

메밀국수
메밀국수는 쌉싸래하면서 담백한 맛이 좋은 면. 생면은 뚝뚝 끊기는 맛이 있어 좋고, 마른 면은 삶는 방법에 따라 쫄깃한 맛을 더할 수 있어 취향에 따라 골라 사용한다.

쌀국수
동남아에서 즐겨 먹는 쌀국수는 쌀가루를 반죽해 만든다. 밀가루 국수보다 칼로리가 낮고 소화가 잘되어 다이어트 식품으로 인기가 많다. 가는 면과 굵은 면이 있으니 기호에 맞게 선택하면 된다.

면 삶기

쌀국수
쌀국수는 데치는 시간이 짧다. 팔팔 끓는 물에 30~40초면 충분히 익는다. 바로 건져 찬물에 헹군다.

파스타
팔팔 끓는 물에 소금을 약간 넣고 8분간 삶아 건져 찬물에 헹군다. 샐러드로 먹을 것이므로 찬물에 헹궈야 한다. 파스타마다 삶는 시간이 조금씩 차이가 나므로 봉지에 쓰인 시간을 확인하는 것이 좋다.

녹두당면
가는 것과 넓은 것이 있는데, 의외로 삶는 데 시간이 걸린다. 8분 정도 삶아 속까지 투명해지면 건져 찬물에 헹군다.

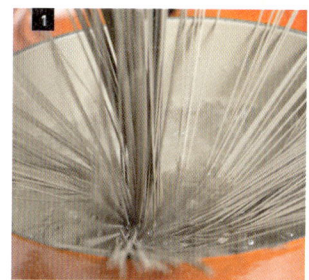 

메밀국수
1. 끓는 물에 펼쳐 넣고 젓가락으로 휘저어 달라붙지 않게 하여 삶는다.
2. 끓어오르면 찬물을 한 컵 붓고, 다시 끓어오르면 찬물을 한 컵 부은 뒤 바로 면만 건져 찬물에 비벼가며 헹궈 물기를 뺀다.

 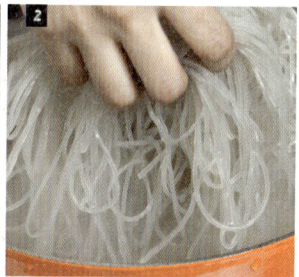

당면
1. 미지근한 물을 부어 30분 정도 불린다.
2. 끓는 물에 넣고 6분 정도 삶은 뒤 체에 밭쳐 물기를 뺀다. 잡채용 당면은 찬물에 헹구지 않고 삶아 그대로 물기를 빼야 양념이 잘 밴다.

베이컨 파스타샐러드

가벼운 한 끼 식사가 될 수 있는 파스타샐러드.
베이컨을 볶아 고소한 향을 내어 호박을 볶고, 토마토와 파스타를 드레싱에 버무려 상큼함을 더했다.

양파 간장 드레싱
양파 드레싱 5큰술
➡ 양파 드레싱 042쪽
간장 1큰술
레몬즙 ½작은술
다진 마늘 ½작은술

양파 드레싱에
나머지 재료를 넣어
고루 섞는다.

⊕
어울리는 드레싱
마요네즈 드레싱
마요네즈 양파 드레싱
크랜베리 드레싱

소라 모양 파스타(또는 펜네나 푸실리) 180g
토마토 300g(중간 크기 2개)
베이컨 4장
주키니 호박 180g(½개)
올리브유 2큰술
소금·후춧가루 약간
바질·이탈리안 파슬리 적당량

1. 소라 모양 파스타는 끓는 물에 소금을 넣고 8분간 삶은 다음 건져서 찬물에 헹궈 식힌다.

2. 토마토는 씨를 빼고 사방 2cm 크기로 썬다.
   베이컨은 2cm 폭으로 썬다.
   주키니 호박은 0.5cm 두께로 썬 뒤 4등분 하여 부채꼴로 썬다.

3. 팬에 올리브유 1큰술을 두르고 베이컨을 볶다가 호박을 넣어 볶는다.

4. 팬을 불에서 내린 뒤 호박과 베이컨에 토마토와 드레싱의 절반을 넣어 버무리고 소금, 후춧가루로 모자란 간을 한다.

5. 삶은 파스타와 채소볶음, 올리브유 1큰술과 나머지 드레싱을 한데 버무려 그릇에 담고 바질과 이탈리안 파슬리를 얹는다.

모양도 제각각, 파스타 삶기
파스타는 모양도 제각각이고 이름도 다르다. 파스타를 삶을 때는 소금을 약간 넣어 물을 팔팔 끓인 뒤 파스타를 넣어 뚜껑을 열고 삶는다. 파스타를 삶는 시간은 봉지에 쓰인 시간을 기본으로 한다. 제조사마다 모양이 조금씩 다르므로 봉지에 쓰인 시간대로 삶는 게 가장 정확하다. 샐러드에 쓸 삶은 파스타는 찬물에 헹궈 물기를 뺀 뒤 바로 넣거나 올리브유에 버무려 넣는다.

noodle salad

과일 드레싱 푸실리샐러드

여러 가지 채소를 넣는 만큼 채소탈수기를 이용해 물기를 충분히 빼야 드레싱이 묽어지지 않는다.
오일 없는 과일 드레싱의 새콤달콤하면서도 깔끔한 맛이 있어 아이들 영양 간식이나 다이어트식으로 훌륭하다.

과일 드레싱
자몽 웨지 4조각
오렌지 웨지 4조각
유자청 1큰술
설탕 1½큰술
화이트 와인 식초 2작은술

자몽과 오렌지는 과육만 잘라내어 믹서에 간 뒤 나머지 재료와 섞는다.

➕

어울리는 드레싱
레몬 드레싱 ❶❷
석류 드레싱
오렌지 드레싱
오렌지 머스터드 드레싱

푸실리 파스타 100g
적양파 75g(½개)
토마토 180g(큰 것 1개)
당근 75g(큰 것 ⅓개)
셀러리 70g(1½줄기)
오이 100g(⅔개)
우엉 50g(⅓뿌리)
소금 ⅓작은술

1. 푸실리는 소금 넣은 끓는 물에 8분간 삶아 찬물에 헹궈 식힌다.
2. 적양파는 얇게 채 썰어 찬물에 담근다.
   토마토는 4등분 하여 씨를 빼고 사방 2cm 크기로 썬다.
   당근은 반달 모양으로 얇게 써는데, 두꺼우면 다시 반으로 갈라 부채꼴로 썬다. 셀러리는 1cm 두께로 썬다.
3. 오이는 반을 갈라 씨를 긁어내고, 1cm 두께로 썰어 소금을 약간 뿌려 5분간 절인 뒤 키친타월에 감싸 물기를 꼭 짠다.
4. 우엉은 껍질 벗겨 씻은 뒤 필러로 얇게 채 썰어 뜨거운 물에 데쳐 찬물에 헹군다.
5. 볼에 푸실리와 손질한 채소를 담고 소금을 뿌려 가볍게 섞는다.
   드레싱을 넣고 버무려 그릇에 담는다.

noodle salad

마카로니 코울슬로

요구르트 드레싱
플레인 요구르트 2통(160g)
마요네즈 4큰술(40g)
레몬즙 2큰술
다진 마늘 1작은술
설탕 2작은술
소금 2/3작은술
후춧가루 1/4작은술

볼에 재료를 모두 넣어 고루 섞는다.
» 머스터드 1큰술을 추가하면,
뒷맛이 깔끔해진다.

➕
어울리는 드레싱
오렌지 머스터드 드레싱
머스터드 요구르트 드레싱

마카로니 100g
옥수수 통조림 100g(1/2캔)
양배추 100g(5장 또는 작은 것 1/8통)
양파 50g(작은 것 1/2개)
당근 75g(큰 것 1/2개)

1. 옥수수 통조림은 체에 밭쳐 물기를 충분히 뺀다.
2. 마카로니는 소금을 약간 넣은 끓는 물에 8분간 삶아 건져 찬물에 헹군 뒤 물기를 뺀다.
3. 양배추, 양파, 당근은 굵게 다진다.
4. 큰 볼에 마카로니, 옥수수, 양배추, 양파, 당근을 고루 섞은 뒤 드레싱을 넣어 버무린다.
냉장고에 1시간 정도 차게 보관했다가 먹는다.

NOTE

코울슬로 or 콘샐러드
옥수수를 넣기 때문에 콘샐러드라고 하는 걸까? 사실은 코울슬로 coleslaw가 맞다. 코울슬로는 잘게 썬 양배추에 여러 가지 채소를 버무린 샐러드를 말하는데, 네덜란드어로 '차가운 양배추 cool cabbage'를 뜻하는 'koolsal'에서 유래되었다. 양배추 외에도 파프리카, 사과 등을 넣어도 좋고, 마카로니를 넣으면 든든한 간식이 된다.

패스트푸드점의 인기 메뉴인 코울슬로는 보통 마요네즈로 버무리지만,
요구르트 드레싱으로 버무리면 칼로리를 낮출 수 있다.
차게 두었다가 먹기 때문에 물이 생기기 쉬우니 키친타월에 싸서 채소의 물기를 꼭 뺀다.

얌운센 스타일의 녹두당면샐러드

태국의 인기 요리인 얌운센은 더운 날씨에 입맛을 잃지 않게
녹두당면에 채소와 해물, 향긋한 레몬즙과 짭조름한 피시소스를 더해 시원하게 즐기는 요리다.
매콤한 맛이 포인트이며, 고수 향이 거북하면 빼도 된다.

액젓 드레싱
피시소스 3큰술
(또는 멸치액젓 2큰술)
식초 ⅓컵
레몬즙 ½컵(레몬 1개 분량)
다진 마늘 ¼작은술
청양고추 1개
고운 고춧가루 ½작은술
황설탕 ⅓컵
소금 약간
카놀라유 또는 현미유 1큰술

청양고추를 잘게 다진 뒤
볼에 나머지 재료와 함께 넣고
설탕이 녹게 충분히 젓는다.

➕
어울리는 드레싱
피시소스 드레싱

NOTE

액젓 드레싱 쉽게 즐기기
피시소스가 없을 때는 까나리액젓보다 멸치액젓이 드레싱으로 더 잘 어울린다. 이 소스에 된장과 치킨 스톡으로 맛을 내면 구운 가지 요리나 생선구이와도 잘 어울린다. 또 액젓 드레싱을 만들 때 식초를 빼고 레몬즙을 줄여 건새우를 잘라 넣으면 건새우 넣은 액젓 드레싱이 된다. 이것으로 돼지고기 또는 닭고기를 마리네이드했다가 구워도 맛있다.

녹두당면(넓은 것) 100g
셀러리 30g(⅔줄기)
양상추 120g(¼통)
청양고추 1개
홍고추 1개
오이 200g(1개)
토마토 350g(큰 것 2개)
새우(중하) 5마리
애플민트 또는 고수 적당량

1. 셀러리는 얇고 어슷하게 썰고, 양상추는 먹기 좋게 2~3cm 폭으로 썬다. 청양고추와 홍고추는 송송 썰어 씨를 턴다.

2. 오이는 반으로 갈라 씨를 긁어낸 뒤 1cm 두께로 썰고, 토마토는 8등분 한다.

3. 새우는 껍질을 벗기고 등 쪽의 내장을 빼낸 뒤 끓는 물에 40~50초간 데쳐 찬물에 헹궈 물기를 뺀다.

4. 녹두당면은 끓는 물에 넣어 8분간 삶아 속까지 투명해지면 건져 찬물에 헹군다.

5. 볼에 손질한 채소와 토마토, 새우, 녹두당면을 담고 드레싱을 넣어 고루 버무린다. 그릇에 담고 애플민트 또는 고수를 올린다.

입안이 상큼해지고 개운해지는 일본풍의 샐러드.
해초와 녹두당면, 채소만 들어가니 만들기도 쉽고 칼로리가 낮아 다이어트식으로도 제격이다.
재료를 차게 해서 먹으면 입맛 없는 여름철에 별미가 된다.

해초 녹두당면샐러드

일본풍 간장 드레싱
간장 2½큰술
참치액 2½큰술
레몬즙 1작은술
식초 2큰술
소금 ¼작은술
설탕 1½큰술
현미유 또는 카놀라유 2큰술

**볼에 재료를 모두 담고
충분히 저어 잘 섞는다.**

건조 해초 믹스 15g
녹두당면(얇은 것) 150g
오이 120g(1개)
당근 100g(½개)
토마토 300~350g(2개)

1. 건조 해초 믹스는 찬물에 넣어 5분 정도 불려 물기를 짠다.

2. 녹두당면은 팔팔 끓는 물에 1~2분간 삶아 찬물에 헹궈 먹기 좋게 한 번 자른다.

3. 오이는 반으로 갈라 길고 어슷하게 얇게 썰고, 당근은 곱게 채 썰어 찬물에 담갔다가 건져 물기를 뺀다. 토마토는 먹기 좋은 크기로 썬다.

4. 볼에 해초, 녹두당면, 오이, 당근, 토마토를 넣고 드레싱에 가볍게 버무려 그릇에 담는다.

NOTE

건조 해초 믹스
건조시킨 여러 가지 해초들을 모아둔 건조 해초 믹스. 찬물에 5분 정도 불리면 대략 10배 정도의 부피로 늘어나는데, 약간 짠맛이 있기 때문에 불린 뒤 여러 번 헹궈 사용하는 것이 좋다. 다양한 해초를 한 번에 즐길 수 있어 간편하다.

noodle salad

배추를 넣은 쌀국수샐러드

미소 간장 드레싱
미소된장 1큰술
간장 4큰술
맛술 1큰술
식초 2작은술
간 생강 1큰술
다진 마늘 1작은술
설탕 1½큰술
소금 ¾작은술

∨

볼에 드레싱 재료를 한데 넣고
충분히 저어 덩어리 없이 섞는다.

⊕
어울리는 드레싱
액젓 드레싱
일본풍 간장 드레싱

쌀국수 150g
알배기 배추 400g(½포기)
당근 200g(1개)
오이 100g(½개)
황금송이버섯 100g(½팩)
게맛살 5줄

1. 배추는 칼을 비스듬히 넣어 1cm 폭으로 채 썬다.
   당근과 오이는 4cm 길이로 얇게 채 썬다.

2. 황금송이버섯은 밑동을 잘라 가닥가닥 찢고,
   게맛살은 먹기 좋게 찢는다.

3. 끓는 물에 배추, 당근, 버섯을 순서대로 넣어 익으면
   한꺼번에 건져 찬물에 헹궈 물기를 뺀다.

4. 쌀국수는 팔팔 끓는 물에 넣어 30~40초간 삶아 건진 뒤
   찬물에 헹궈 물기를 뺀다.

5. 볼에 쌀국수와 익힌 채소, 오이, 게맛살을 담고
   드레싱으로 가볍게 버무려 그릇에 담는다.

NOTE

미소된장의 맛
미소된장은 일본 된장이다. 우리의 된장과 달리 깔끔하고 단맛이 가미되어 있어 드레싱으로 만들 때 설탕, 간장, 소금 대신 넣으면 좋다. 된장 드레싱은 물기가 많은 재료를 넣어 버무려야 된장이 부드럽게 풀리면서 재료와 잘 어우러진다.

미소된장과 간장으로 맛을 낸 담백한 쌀국수샐러드는 부담 없이 한 끼 식사로 즐길 수 있는 메뉴다. 쌀국수 대신 녹두당면이나 소면 같은 얇은 면을 넣어도 된다.

일본풍 메밀국수샐러드

메밀국수샐러드는 어찌 보면 깔끔한 일본식 비빔국수라 할 수 있다.
채소와 베이비 채소를 듬뿍 넣어 신선함이 가득하고, 새우가 담백한 맛을 더한다.
차게 즐기면 좋고, 드레싱은 먹기 전에 뿌려 버무린다.

일본풍 간장 드레싱
간장 2½큰술
참치액 2½큰술
레몬즙 1작은술
식초 2큰술
소금 ¼작은술
설탕 1½큰술
현미유 또는 카놀라유 2큰술

볼에 재료를 모두 담고
충분히 저어 기름이 잘 섞이게 한다.

마른 메밀면 200g
생새우 250g(중하 12마리)
실곤약 150g
무 40g
당근 20g
상추 25g(5장)
베이비 채소(브로콜리순·그린 빈스 어린순·보리순) 20g

1. 새우는 머리와 껍질을 제거하고 끓는 물에 데쳐 찬물에 헹군다.
2. 메밀면은 끓는 물에 넣어 끓어오르면 찬물을 1컵 붓고, 다시 끓어오르면 찬물 1컵을 붓고 바로 건져 찬물에 담그고 바락바락 비벼가며 헹궈 체에 밭쳐 물기를 뺀다.
3. 실곤약도 끓는 물에 살짝 데친 뒤 찬물에 두어 번 헹궈 체에 밭쳐 물기를 충분히 뺀다.
4. 무와 당근은 곱게 채 썰고, 상추는 반으로 갈라 포개어 2~3cm 폭으로 썬다. 베이비 채소는 깨끗이 씻어 물기를 턴다.
5. 볼에 메밀면과 실곤약, 채소와 새우를 넣고, 드레싱에 가볍게 버무려 그릇에 담는다.

NOTE

열을 내리는 여름 국수, 메밀국수
〈동의보감〉에는 "메밀의 성질은 평하고 냉하며, 맛은 달고 독성이 없어 내장을 튼튼하게 한다"고 되어 있다. 일본〈본조식감〉에서는 "마음을 평온하게 한다"고 적혀 있다. 메밀은 찬 성질의 음식으로 체질적으로 몸에 열이 많은 사람이나 가슴이 답답한 사람에게 좋은데, 몸속에 쌓인 열기와 습기를 배출하는 작용을 돕기 때문이다. 메밀에는 혈관을 튼튼하게 해주는 항산화 성분인 루틴이 풍부하여 성인병 예방에도 도움이 된다. 쌀이나 밀가루보다 아미노산이 풍부하며 쌀보다 섬유소도 풍부하다. 칼로리가 낮아 다이어트에도 좋다.

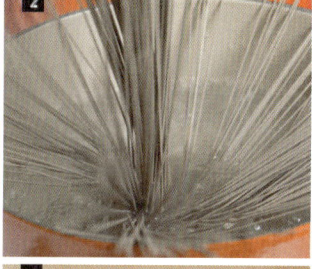

쟁반국수샐러드

일본에 메밀국수샐러드가 있다면 한국엔 쟁반국수가 있다. 갖은 채소를 듬뿍, 매콤달콤한 초고추장 드레싱에 버무리면 잃었던 입맛도 돌아온다. 얼음을 함께 올려 시원하게 즐기고, 장국을 곁들여 매운 입맛을 달랜다.

일본풍 간장 드레싱
간장 2½큰술
참치액 2½큰술
레몬즙 1작은술
식초 2큰술
소금 ¼작은술
설탕 1½큰술
현미유 또는 카놀라유 2큰술

볼에 재료를 모두 담고
충분히 저어 기름이 잘 섞이게 한다.

⊕
어울리는 드레싱
고추장 드레싱

마른 메밀면 200g
상추 50g(10장)
깻잎 20g(20장)
치커리 15g
당근 100g(½개)
오이 120g(¾개)
적양배추 80g(¼통)
양배추 100g(작은 것 ⅛통)

1. 상추와 깻잎은 돌돌 말아 채 썰고, 치커리는 먹기 좋게 찢는다.
2. 당근과 오이는 어슷하게 슬라이스한 뒤 채 썰고,
   적양배추와 양배추도 얇게 채 썬다.
3. 마른 메밀면은 끓는 물에 넣어 끓어오르면 찬물을 1컵 붓고,
   다시 끓어오르면 찬물을 1컵 부어 바로 건져 찬물에 재빨리
   비벼가며 헹군 다음 체에 밭쳐 물기를 뺀다.
4. 그릇에 손질한 채소들을 돌려 담고, 가운데에 삶은 메밀면을
   얹은 뒤 드레싱을 뿌리거나 곁들인다.

NOTE

한국식 누들 샐러드, 쟁반국수
쟁반국수는 강원도의 막국수에서 나온 음식이다. 예로부터 메밀의 산지로 유명했던 강원도에서는 메밀가루로 국수를 만들어 참기름, 고추장, 고춧가루 같은 양념을 넣고 후루룩 비벼 먹는 막국수를 즐겼다고 한다. 때론 동치미 국물에 시원하게 말아 먹기도 한다. 쟁반국수는 막국수를 쟁반에 담아 여럿이 둘러앉아 먹는 데서 시작되었고, 시절이 좋아지면서 갖은 채소를 더해 지금의 쟁반국수가 되었다. 갖은 채소와 초고추장을 더한 드레싱에 버무려 먹으니 한국식 누들 샐러드인 셈이다.

noodle salad

잡채

우리나라의 잔칫상에 빠지지 않는 음식, 잡채.
잡채는 원래 채소만 여러 가지를 볶아서
양념에 무쳐 먹은 데서 유래했지만,
1900년대 초 당면이 나오면서
당면을 넣은 잡채가 보편화 되었다.

당면 170g
마른 표고버섯 5개
초록·빨강·노랑 파프리카 200g씩(1개씩)
황금송이버섯 100g(½봉)
팽이버섯 60g(½봉)
설탕 1작은술
소금 ⅛작은술
식용유 적당량

당면 양념
설탕 1큰술
간장 2큰술
여분의 간장 1큰술
소금 ⅛작은술
설탕 ½~1큰술
참기름 2큰술

어울리는 드레싱
간장 드레싱
일본풍 간장 드레싱
굴소스 드레싱

1. 미지근한 물에 설탕 1작은술을 녹인 뒤 표고버섯을 담가 충분히 불린 다음 물기를 짜고 곱게 채 썬다.
2. 파프리카는 반을 갈라 씨를 훑어내고 가늘게 채 썬다. 황금송이버섯과 팽이버섯은 밑동을 잘라내고 가닥가닥 찢는다.
3. 팬에 식용유를 약간 두르고 파프리카를 색깔별로 볶아 소금을 약간 넣어 간을 한 뒤 넓은 접시에 펼쳐 식힌다. 표고버섯과 황금송이버섯도 볶아 식힌다.
4. 당면은 미지근한 물에 푹 담가 불렸다가 끓는 물에 넣어 5~6분 정도 투명해질 때까지 삶은 다음 체에 건져 물기를 뺀다.
5. 팬에 식용유 1큰술을 두르고 당면을 볶다가 준비한 당면 양념 중 설탕 1큰술과 간장 2큰술을 먼저 넣고 재빨리 섞어가며 볶는다.
6. 당면이 뜨거울 때 각각 볶아놓은 파프리카와 버섯을 넣어 섞는다. 모자란 간은 여분의 간장이나 소금, 설탕을 넣어 버무려 맞추고, 마지막에 참기름 2큰술을 섞는다.

NOTE

잡채, 개성 있게 즐기기
잡채 하면 시금치나 당근, 목이버섯이 당연히 들어가야 한다고 생각하지만, 원하는 채소를 다양하게 넣어 개성 있는 잡채를 만들 수 있다. 파프리카와 고추를 얇게 채 썰어 듬뿍 넣은 고추잡채, 부추를 듬뿍 넣은 부추잡채, 다양한 버섯을 많이 넣은 버섯잡채, 애호박을 듬뿍 넣은 호박잡채 등 기호에 맞게 잡채를 만들어보는 것도 재미있을 것이다.

나·물·은· 샐·러·드·다.

Special Salad

요구르트 오이샐러드

시원하게 아작아작 씹히는 오이가 요구르트 드레싱을 만나 더욱 상큼해졌다. 오이를 미리 소금에 살짝 절여야 물이 많이 나오지 않는다.

청오이 360g(큰 것 2개)
소금 1작은술
후춧가루 약간
딜 1~2줄기(2작은술 분량)

요구르트 드레싱
플레인 요구르트 1통
마요네즈 2큰술
레몬즙 1큰술
설탕 1작은술
다진 마늘 1작은술

1. 오이는 깨끗이 씻어 돌기 부분이 깎이도록 거칠게 껍질을 벗긴다. 반 갈라 씨를 긁어내고 2cm 폭으로 썬다.

2. 오이에 소금 1작은술을 고루 버무려 20분간 절인 뒤 찬물에 슬쩍 헹궈 물기를 뺀다.

3. 요구르트 드레싱 재료를 한데 담고 고루 섞은 뒤 오이와 함께 버무리다가 후춧가루를 뿌려 가볍게 섞는다.

4. 그릇에 오이샐러드를 담고, 딜을 뜯어 고루 뿌린다.

오.이.

오이는 김치를 비롯해 볶음, 찌개, 무침 등 한식에 두루 쓰이는 재료인데, 씹히는 맛과 향이 좋아 샐러드에도 잘 어울린다. 또한 칼륨이 풍부한 알칼리성 식품으로 몸 안에 있는 독소를 배출하는 데 도움을 준다. 씻을 때는 굵은소금으로 표면을 문질러 씻어야 이물질이 말끔히 제거되고 소독도 된다. 오이는 물이 많은 채소인데, 씨 부분을 긁어내고 소금에 살짝 절였다 쓰면 물이 적게 나오고 간도 고루 밴다.

잣 드레싱 더덕샐러드

더덕 250g
고구마 1개
밤 5개

잣 드레싱
잣가루 2큰술
식초 2큰술
설탕 1큰술
마요네즈 1큰술
소금·후춧가루 약간씩

1. 더덕, 고구마, 밤은 껍질을 벗긴 뒤 가늘게 채 썰어 찬물에 살짝 담갔다 건져 물기를 뺀다.
2. 잣 드레싱 재료를 한데 섞거나 믹서에 넣어 곱게 간다.
3. 손질한 더덕, 고구마, 밤을 한데 담은 뒤 잣 드레싱을 넣어 가볍게 버무린다.

더. 덕.

인삼의 사촌뻘로 사삼이라고도 불리며, 인삼처럼 사포닌 성분이 함유되어 있어 쌉쌀한 맛과 향이 있다. 하지만 인삼과 달리 찬 성질을 지니고 있어 몸이 뜨거운 사람에게 좋다. 더덕은 껍질을 벗기기가 만만치 않은데, 윗부분부터 칼을 이용해 껍질을 잡아당겨 돌려가며 벗기면 잘 벗겨진다. 더덕이 단단해 채 썰기가 어렵다면 방망이로 두들겨 찢고, 쓴맛이 강할 때는 소금을 살짝 뿌려 조물조물해서 물에 잠시 담갔다가 건져 물기를 빼면 쓴맛을 줄일 수 있다.

쌉쌀한 맛이 나는 더덕은 은은한 향이 좋은 뿌리채소다. 곱게 채 썰어 고구마, 밤과 함께 잣 드레싱에 버무리면 쌉싸래하면서 고소한 맛이 나고, 씹히는 맛이 일품이다.

봄.
동.

초봄에 즐기는 봄동겉절이는 입맛을 돋우는 새봄 첫 김치다. 봄동은 국으로도, 나물로도, 겉절이로도 즐기지만 그 자체로 고소하고 단맛이 있어 샐러드로도 훌륭하다. 봄동은 소금에 절이지 않아야 사각거리는 특유의 맛을 살릴 수 있다. 초고추장 드레싱에 버무려도 좋고, 참기름과 소금으로만 버무려도 맛있는 한식 샐러드가 된다.

유자청 봄동샐러드

한겨울의 추위를 이겨내고 나오는 봄동은 유난히 달고 씹을수록 고소한 맛이 난다. 유자청과 올리브유에 무치면 유자의 향과 단맛이 배어 상큼한 샐러드로 즐길 수 있다.

봄동 ½포기
유자청 3큰술
소금 ¼작은술
후춧가루 약간
올리브유 2작은술

1. 봄동은 잎을 하나씩 떼어 깨끗이 씻어 줄기와 잎을 함께 먹을 수 있도록 가로 1~2cm 폭으로 썬다.
2. 볼에 손질한 봄동을 담고 유자청, 소금, 후춧가루, 올리브유를 넣어 고루 버무린다.

매실청 영양부추샐러드

영양부추는 은은한 향이 있지만 풋내가 날 수 있으므로 양파를 더한다. 매실청 드레싱으로 풋내를 잠재우고 달고 매콤하고 고소한 맛을 더한다.

영양부추 200g(½단)
양파 120g(큰 것 ½개)

매실청 드레싱
매실청 1큰술
설탕 1작은술
참기름 1작은술
고춧가루 1작은술
간장 ½작은술
소금 ¼작은술

1. 영양부추는 뿌리 부분을 다듬은 뒤 깨끗이 씻어 물기를 빼고 4cm 길이로 썬다.
2. 양파는 얇게 채 썰어 찬물에 담가 아린 맛을 빼고 건져 물기를 턴다.
3. 매실청 드레싱은 재료를 고루 섞어 설탕을 녹인다.
4. 볼에 영양부추와 양파를 담고 매실청 드레싱을 넣어 가볍게 버무려 그릇에 담는다.

영.양.부.추.

부추 중에서 가장 가는 것이 영양부추인데, 물이 적고 씹는 느낌이 좋아 샐러드나 생채 무침으로 많이 이용한다. 영양부추는 양파 외에 버섯과도 잘 어울리며, 매실청 드레싱도 어울리고 감칠맛 나는 액젓 드레싱, 초고추장 드레싱, 고춧가루와 참기름 양념과도 잘 어울린다.
중간 넓이의 얇은 부추는 조선부추로 부추김치나 오이소박이, 전, 무침에 많이 쓴다. 좀 더 넓고 두꺼운 것은 호부추라고 해서 중국 요리의 부추잡채나 고기를 넣은 볶음 등에 주로 쓰인다.

special salad

쌈 · 채 · 소 ·

양상추가 아니어도 우리가 흔히 쌈으로 즐겨 먹는 채소도 샐러드 재료로 손색없다.
잎이 두꺼우면 조금 작게, 부드러운 잎이라면 조금 크게 잘라
어울리는 드레싱으로 버무리면 그린 샐러드가 된다.
멸치액젓으로 만든 드레싱을 사용하면 겉절이처럼 즐길 수 있는데 고기 요리에 잘 어울리고 소화도 돕는다.

멸치액젓 쌈 채소샐러드

겉절이는 한국식 샐러드다. 쌈 채소는 대체로 쌉쌀한 맛과 은은한 향, 씹는 질감이 좋아 샐러드에도 두루 쓰이는데, 멸치액젓 드레싱으로 버무리면 우리 입맛에 잘 맞는 샐러드가 된다.

멸치액젓 드레싱
멸치액젓 2큰술
물엿 2큰술
매실청 2큰술
고춧가루 2큰술
다진 마늘 2큰술
간 양파 1큰술
생강즙 1작은술
참기름 1작은술
깨소금 약간

쌈 채소(적로메인 상추, 치커리, 레드 치커리, 적근대잎, 적겨자잎 등) 200g

1. 영양부추는 뿌리 부분을 다듬은 뒤 깨끗이 씻어 물기를 빼고 4cm 길이로 썬다.
2. 양파는 얇게 채 썰어 찬물에 담가 아린 맛을 빼고 건져 물기를 턴다.
3. 매실청 드레싱은 재료를 고루 섞어 설탕을 녹인다.
4. 볼에 영양부추와 양파를 담고 매실청 드레싱을 넣어 가볍게 버무려 그릇에 담는다.

special salad

파 새싹샐러드

비타민이 풍부한 새싹 채소와 매콤한 대파, 향긋한 쑥갓과 깻잎, 상추가 어우러진 샐러드다. 흔히 고기 요리에 곁들이는 파무침에 새싹과 채소를 듬뿍 넣은 버전이라고 보면 좋겠다.

새.싹.채.소.

채소의 싹을 발아시킨 새싹은 샐러드나 비빔밥에 많이 이용하는데, 맛과 씹는 느낌은 물론이고 비타민과 무기질 같은 영양 또한 풍부한 건강 채소다. 대표적으로 브로콜리싹, 양배추싹, 배추싹, 케일싹, 알팔파싹, 순무싹, 비타민이라고 불리는 다채싹이 있다. 새싹 채소는 집에서도 쉽게 키울 수 있는데, 즉석밥 용기나 두부 용기에 화장솜을 깔고 채소 씨앗을 뿌린 뒤 분무기로 물을 주어 따뜻한 곳에 두면 싹이 자란다. 추울 때는 랩으로 덮어주고, 마르지 않게 물을 뿌려준다.

소금 매실청 드레싱
소금 ¼작은술
황설탕 1작은술
매실청 2작은술
고춧가루·후춧가루 약간씩

중파 또는 대파 80g(2대)
새싹 채소 35g(1줌)
쑥갓잎 ½컵
깻잎 3장
상추 또는 적상추 3장
참기름 또는 들기름 1큰술

1. 쑥갓은 씻어 물기를 털고 잎만 떼고,
   새싹 채소는 굳이 씻지 않아도 된다.

2. 파는 얇고 어슷하게 썬다.
   깻잎과 상추는 각각 돌돌 말아 곱게 채 썬다.

3. 소금 매실청 드레싱은 재료를 한데 넣고 고루 저어
   설탕과 소금을 녹인다.

4. 볼에 쑥갓, 새싹 채소, 파, 깻잎, 상추를 담고 섞은 뒤
   소금 매실청 드레싱을 넣어 가볍게 버무린다.
   먹기 직전 취향에 따라 참기름이나 들기름을 넣고 가볍게 섞어
   그릇에 담는다.

곱게 채썬 무는 아삭아삭하면서 시원한 맛이 나는데,
오독오독 씹히는 명란젓을 넣어 무치면 간이 딱 맞는, 특별한 무채샐러드가 된다.
그대로도 좋지만 구운 두부에 곁들이면 잘 어울린다.

무채샐러드를 올린 두부구이

명란 80g
무 200g
쪽파 3~4뿌리
두부(부침용) 375g(1모)
참기름 1큰술
통깨 약간
소금·후춧가루 약간씩
꽃소금 적당량(1~2작은술)
식용유 적당량

1. 명란은 반으로 길게 갈라 칼로 알만 발라낸다.
2. 무는 가늘게 채 썬 뒤 소금을 고루 뿌리고 섞어 5분 이상 절였다가 찬물에 슬쩍 헹궈 물기를 꼭 짠다. 쪽파는 송송 썬다.
3. 볼에 명란과 무를 넣고, 통깨, 참기름과 함께 조물조물 무친다.
4. 두부는 3cm 두께로 도톰하게 썰어 소금, 후춧가루를 뿌린 뒤 잠시 두었다가 키친타월에 싸서 물기를 충분히 제거한다. 달군 팬에 식용유를 두르고 두부를 올려 앞뒤로 노릇하게 지진다.
5. 접시에 두부를 담은 다음 무쳐놓은 명란무채를 올리고 송송 썬 쪽파를 뿌린다.

무.

가을·겨울 무는 달고 아삭아삭하며 시원하다. 반면 봄·여름 무는 물이 많고 조금 싱거운데, 소금과 설탕에 절이면 단맛이 보충된다. 하지만 곱게 채 썰어 무치면 크게 단맛에 신경 쓰지 않아도 충분히 맛있게 즐길 수 있다. 무는 깍두기나 생채, 무나물도 좋지만 피클이나 초절임, 장아찌로도 즐길 수 있고, 샐러드 채소로도 손색없다. 무에는 비타민 C와 소화를 돕는 디아스타아제라는 효소가 들어 있어 소화가 잘 안 되는 고기 요리나 면 요리에 어울린다.

연두부에 올린 마늘종장아찌 달래샐러드

청양고추장아찌를 국물과 함께 갈면 매콤하면서도 달콤한 드레싱이 된다. 달래와 마늘종장아찌를 더해서 더 매콤짤짤한 이 샐러드는 매운맛을 순화시키는 연두부와 잘 어울린다.

달래 30g
마늘종장아찌 7줄기
연두부 1모

청양고추장아찌 드레싱
청양고추장아찌 2개
청양고추장아찌 국물 2큰술
매실청 1큰술

1. 달래는 뿌리 부분의 껍질을 문질러 벗긴 뒤 깨끗이 씻어 물기를 털고 2cm 길이로 썬다.
2. 마늘종장아찌 줄기는 1cm 길이로 송송 썬다.
3. 청양고추장아찌는 송송 썰어 믹서에 국물, 매실청과 함께 넣은 뒤 곱게 갈아 드레싱을 만든다.
4. 연두부를 모양이 부서지지 않게 접시에 담고, 손질한 달래를 듬뿍 얹은 뒤 마늘종장아찌를 올린다. 청양고추장아찌 드레싱을 뿌린다. 취향에 따라 참기름을 1/2작은술 뿌려도 좋다.

달. 래.

산에서 나는 마늘이라는 의미로 '달래'라는 이름이 붙은 대표적인 봄나물이다. 달래의 알뿌리에는 마늘처럼 매운맛을 내는 알리신 성분이 들어 있는데, 몸에 활력을 주고 암을 예방하는 효과가 있다. 된장찌개, 생채무침, 전 외에도 간장에 달래를 송송 썰어 넣어 달래간장을 만들면 용도가 더 다양해진다. 달래간장을 드레싱으로 이용한 샐러드에 도전해도 좋겠다. 달래는 알뿌리가 통통하고 클수록 맛과 향이 강하다.

special salad

도토리묵을 곁들인 참나물샐러드

고춧가루와 소금간만으로 버무린 참나물샐러드는 고기 요리에도 잘 어울리지만, 담백한 도토리묵에 곁들여 특별하게 즐길 수 있다.

도토리묵 300g(1모)
참나물 100g
고춧가루·소금·참기름 약간씩

양념간장 드레싱
간장 2작은술
매실청 1큰술
식초 1작은술
설탕 1작은술
고춧가루 약간
소금 약간
참기름 약간

1. 도토리묵은 먹기 좋은 크기로 도톰하게 썬다.
2. 참나물을 깨끗이 씻어 물기를 빼고 먹기 좋은 크기로 썬다. 볼에 참나물과 고춧가루, 소금, 참기름을 넣고 살살 버무린다.
3. 양념간장 드레싱 재료를 한데 섞는다.
4. 접시에 도토리묵을 나란히 담고, 옆에 참나물 샐러드를 소복이 올린다. 양념간장 드레싱을 도토리묵에 끼얹는다.

참.나.물.

참나물의 진한 향은 셀러리와 미나리를 합친 향과 비슷한데, 거부감 없이 식욕을 자극하는 향이다. 때문에 참나물은 샐러드에 많이 쓰이며, 고기나 해물 냉채 샐러드에 곁들여도 잘 어울리고 소화도 돕는다. 보통 생채로 무치거나 쌈 채소로 활용하지만, 살짝 데쳐 참기름과 깨소금에만 무쳐도 좋고 된장 양념에 무쳐도 별미다.

연어 숙주샐러드

숙주는 숨이 너무 죽지 않게 살짝만 데쳐 아삭한 맛을 살려야 한다.

매콤한 겨자 드레싱에 버무린 숙주샐러드를 부드러운 연어에 싸 먹는데, 쑥갓의 은은한 향이 포인트가 된다.

훈제 연어 400g
숙주 100g
쑥갓잎 적당량

겨자 드레싱
겨잣가루 1큰술
따뜻한 물 1/2큰술
참기름·소금 약간씩

1. 숙주는 꼬리를 다듬어 끓는 물에 30초~1분 정도 살짝 데친 다음 찬물에 헹궈 물기를 꼭 짠다.
2. 겨자 드레싱은 겨잣가루에 따뜻한 물 1/2큰술을 넣어 되직하게 갠 다음 실온에서 30분 정도 두어 매운 향을 더 올린 뒤 소금과 참기름을 넣어 고루 섞어 만든다.
3. 삶은 숙주에 겨자 드레싱을 넣어 조물조물 무친다.
4. 훈제 연어는 접시에 펼쳐 담는다. 겨자 드레싱에 무친 숙주나물을 연어에 올리고, 쑥갓잎을 잘게 뜯어 얹는다.

숙.주.

숙주는 세조 때 좌의정 신숙주가 기근을 해결하기 위해 빨리 자라고 쉽게 배불리 먹을 수 있는 곡물로 녹두를 수입했고, 이를 물을 주어 키워 먹을 것을 권장한 데서 유래했다고 한다. 하지만 경상도나 전라도에서는 녹두나물이라고 불린다.
녹두를 발아시킨 숙주나물은 영양가가 녹두 열매보다 80배나 높고, 비타민 C와 콜라겐이 풍부해 피부 미용에 좋으며, 특히 해독 작용이 뛰어나다. 숙주를 즐기는 방법은 다양한데, 특히 쇠고기와 궁합이 잘 맞는다. 우리나라는 데쳐서 무쳐 먹는 요리가 발달했고, 일본에서는 볶음 요리에 넣고, 동남아에서는 쌀국수에 넣어 먹는다.

조갯살 냉이샐러드

조갯살(바지락살) 100g
냉이 80g
된장 1½큰술
들기름 ½작은술
청주 1큰술
소금 약간

1. 조갯살은 찬물에 바락바락 주물러 헹군 다음 체에 받쳐 물기를 뺀다.
   손질한 조갯살은 끓는 물에 청주를 1큰술 넣고 살짝 데쳐 물기를 뺀다.

2. 냉이는 누런 잎을 떼고 뿌리와 잎이 이어지는 부분의 지저분한 것을
   칼로 긁어내어 깨끗이 손질한 뒤 찬물에 여러 번 헹궈 씻는다.
   굵은 뿌리는 칼집을 넣어 2~3등분으로 가른다.

3. 손질한 냉이는 끓는 물에 소금을 약간 넣어 20초간 데친 다음
   찬물에 재빨리 헹궈 물기를 꼭 짠다.

4. 볼에 냉이와 조갯살을 담고 된장을 넣어 풀어가며 고루 버무린 뒤
   들기름에 슬쩍 버무려 그릇에 담는다.

냉.이.

봄의 전령이라 불리는 냉이는 잎과 뿌리를 함께 먹는 나물이다. 채소 중에서는 단백질 함량이 높고 비타민 B_1과 C도 풍부하다. 냉이는 된장과 궁합이 잘 맞아 냉이된장국, 냉이무침, 냉이된장찌개 등 된장을 넣은 요리가 많다. 의외로 냉이의 향이 해물의 감칠맛과 잘 어울리기 때문에 조갯살이나 새우살 같은 해물을 넣어도 맛있다. 된장 대신 콩가루를 묻혀 찜기에 쪄내어도 고소하면서도 색다른 맛을 즐길 수 있다.

살짝 데친 냉이를 된장과 들기름만으로 담백하게 무치면 냉이 향을 한껏 즐길 수 있다. 조갯살이나 꼬막살을 함께 무치면 감칠맛이 더해져 입맛 돋우는 샐러드가 되고 반찬이 되기도 한다.

청경채는 단맛이 나면서도 아삭거리는 맛이 좋은 채소로, 살짝만 데쳐야 맛이 달아나지 않는다. 데친 청경채에 초고추장 드레싱을 뿌리거나 무치면 가볍게 즐길 수 있는 샐러드가 된다.

초고추장 청경채 샐러드

청경채 10포기(큰 것)
소금 약간
초고추장 드레싱 4큰술

초고추장 드레싱
고추장 3큰술
매실청 2큰술
설탕 1½큰술
현미식초 2큰술
다진 마늘 ½작은술
참기름 2작은술
양파 드레싱 2큰술
➡ 양파 드레싱 042쪽

1. 청경채는 큰 잎은 하나씩 떼고, 안의 작은 잎은 통째로 반으로 갈라 깨끗이 씻는다.
2. 끓는 물에 소금을 약간 넣고 청경채를 넣어 20초 정도 데친 다음 찬물에 재빨리 헹궈 물기를 꼭 짠다.
3. 초고추장 드레싱 재료를 한데 담고 고루 섞는다.
4. 볼에 청경채와 초고추장 드레싱을 넣어 고루 버무린다.

청.경.채.

중국 요리나 일식의 샤부샤부에 자주 등장하는 청경채는 우리에게도 낯설지 않다. 청경채는 맛이 달고 부드러운 채소로, 천연 자양 강장제이자 몸 안에 나쁜 균이 증식하는 것을 억제하는 니코티아나민이라는 성분이 들어 있다. 이 성분은 니코틴 중화 효과가 있어 흡연자에게 좋고, 칼로리가 낮으면서 칼슘과 미네랄이 풍부해 뼈 건강에 도움이 되기 때문에 다이어트에도 좋다. 새우, 표고버섯과 궁합이 잘 맞으므로 청경채샐러드에 데친 새우를 곁들여 보다 풍성하게 즐겨도 좋다.

된장 드레싱 아삭이고추샐러드

아삭이고추는 맵지 않고 시원한 오이 맛이 나는데, 된장 소스에 청양고추를 다져 넣어 매콤한 맛을 더했다. 기호에 따라 청양고추는 가감하고, 청양고추 대신 풋고추를 써도 된다.

아삭이고추 200g(10개)

된장 드레싱
된장 2큰술
다진 마늘 1큰술
다진 청양고추 1개 분량
물 적당량
다진 대파 1½큰술
설탕 1작은술
참기름 1큰술
마른 새우가루 1작은술
멸치가루 ½작은술

1. 아삭이고추는 물에 깨끗이 씻어 물기를 닦아내고 1.5~2cm 길이로 썬다.
2. 내열 볼에 다진 마늘과 다진 청양고추를 넣고 자작하게 잠기도록 물을 부어 전자레인지에 30초 정도 돌린다. 여기에 나머지 드레싱 재료를 넣고 고루 섞는다.
3. 아삭이고추에 된장 드레싱을 넣어 고루 버무려 그릇에 담는다.

아.
삭.
이.
고.
추.

아삭이고추는 오이고추라고도 불리며, 풋고추와 피망(파프리카)을 교잡해 만들어진 품종이다. 고추가 크고 오이처럼 시원하고 단맛이 나지만 풋고추에 비해 매운맛은 적다. 풋고추나 청양고추로 대신하면 매콤한 반찬으로 즐길 수 있다.

겨울과 이른 봄에 나는 쪽파는 달고 맛있다.
이 쪽파를 고추장 드레싱에 버무리면 상큼하고 매콤한 샐러드가 되는데,
멸치를 볶아 넣으면 고소하게 씹히는 멸치 덕분에 별미 샐러드가 된다.

멸치를 넣은 쪽파샐러드

멸치(중간 크기) 1컵
쪽파 10줄기

고추장 드레싱
고추장 1큰술
간장 1작은술
설탕 1작은술
다진 마늘 1작은술
다진 대파 2작은술
물엿 또는 꿀 1큰술
참기름 약간

1. 멸치는 마른 팬에 올려 약한 불에서 고루 뒤적이며 겉이 살짝 노릇해질 때까지 볶아 식힌다.
2. 고추장 드레싱 재료를 고루 섞는다.
3. 쪽파는 뿌리 부분을 잘라낸 뒤 흐르는 물에 깨끗이 씻어 3~4cm 길이로 썬다. 이때 두꺼운 흰 대는 반으로 가른다.
4. 볼에 볶은 멸치와 쪽파를 담고 고추장 드레싱으로 고루 버무린다.

쪽.
파.

보통 양념에 넣는 파는 생으로 즐기면 근사한 샐러드 재료가 된다. 대파는 물기가 많아 단맛과 아린 맛이 적절히 섞여 있고, 쪽파는 대파보다는 물기가 적어 자작자작하게 물이 안 생기는 요리에 어울린다. 특히 아작아작 씹는 맛이 좋아 여러 가지 양념에 쪽파만 버무려 내어도 좋고, 조갯살과 함께 무치면 근사한 조갯살 쪽파샐러드가 된다. 두꺼운 뿌리 부분은 반으로 갈라 씹는 느낌을 약간 줄이면 부담 없이 즐길 수 있다.

씁쓸한 도라지와 상큼한 오이를 매콤새콤하게 무치는 도라지 오이생채는 우리가 자주 먹는 반찬이자 샐러드다. 도라지는 소금에 바락바락 주물러 잠시 절였다 헹궈야 쓴맛이 잘 빠진다.

도라지 오이샐러드

통도라지 3뿌리
오이 90g(1/2개)
굵은소금 1/2큰술

고추장 드레싱
고운 고춧가루 1 1/2큰술
식초 1 1/2큰술
설탕 2큰술
소금 1/2~1작은술
다진 파·깨소금 1큰술씩

1. 멸치는 마른 팬에 올려 약한 불에서 고루 뒤적이며 겉이 살짝 노릇해질 때까지 볶아 식힌다.
2. 고추장 드레싱 재료를 고루 섞는다.
3. 쪽파는 뿌리 부분을 잘라낸 뒤 흐르는 물에 깨끗이 씻어 3~4cm 길이로 썬다. 이때 두꺼운 흰 대는 반으로 가른다.
4. 볼에 볶은 멸치와 쪽파를 담고 고추장 드레싱으로 고루 버무린다.

도.라.지.

인삼의 또 다른 사촌인 도라지. 사포닌 성분이 들어 있어 원기 회복에 좋고 특히 가래를 삭이는 데 특효인 약용 나물이다. 쓴맛을 즐기는 사람은 그대로 먹지만, 거부감이 있다면 소금에 주물러 쓴맛을 빼고 찬물에 담가 우리면 된다.
도라지는 쌉쌀하면서도 감칠맛이 있어 입맛을 돋우는데, 생으로 양념에 무치거나 굽거나 부드럽게 볶아도 좋다. 원추리, 오이, 달래, 쪽파, 오징어 등과 함께 무쳐도 잘 어울린다.

ㄱ

간장 드레싱 뿌리채소샐러드 118
과일 드레싱 푸실리샐러드 230
관자구이 오렌지샐러드 152
광어 카르파초 170
구운 마늘을 뿌린 그린샐러드 056
구운 잣을 싸 먹는 가지샐러드 106
구운 치즈를 곁들인 가지샐러드 114
구운 파프리카 버섯샐러드 112
굴찜샐러드 174
김에 싸 먹는 버섯샐러드 120

ㄷ

단감 사과샐러드 148
닭고기냉채샐러드 202
당근샐러드 116
도라지 오이샐러드 278
도토리묵을 곁들인 참나물샐러드 266
돌나물 갑오징어샐러드 184
된장 드레싱 아삭이고추샐러드 274
딸기샐러드 128

ㄹ

루콜라를 곁들인 채끝등심샐러드 206
루콜라를 올린 차돌박이샐러드 210

ㅁ

마카로니 코울슬로 232
매실청 영양부추샐러드 256
멜론 수박샐러드 150
멸치를 넣은 쪽파샐러드 276
멸치액젓 쌈 채소샐러드 259
무채샐러드를 올린 두부구이 262
무쌈 오리고기샐러드 223
믹스 과일샐러드 144

ㅂ

바질 드레싱 루콜라샐러드 072
배추를 넣은 쌀국수샐러드 238
베리베리샐러드 135
베이컨 파스타샐러드 228
부추 달래샐러드 078
북어채 골뱅이샐러드 186
브로콜리 새우샐러드 164
비트 온 샐러드 104
B.L.T. 샐러드 096

ㅅ

새순 배추샐러드 080
새우 문어샐러드 168
석류 드레싱 모둠 콩샐러드 102
순두부 닭고기샐러드 204
스위티 자몽샐러드 130
시금치샐러드 074
시저 드레싱 감자샐러드 100
시저샐러드 058
쌈 채소 아롱사태냉채샐러드 216
쌈 채소 아보카도샐러드 140
쑥갓과 미나리를 올린 낙지샐러드 182
쑥갓을 더한 미니 양배추샐러드 066

ㅇ

아스파라거스 관자냉채샐러드 166
얌운센 스타일의 녹두당면샐러드 234
양파 생햄샐러드 222
양파 토마토샐러드 110
에스닉 닭안심샐러드 200
엔다이브 오렌지샐러드 142
연두부에 올린 마늘종장아찌 달래샐러드 264
연어 숙주샐러드 268
오징어튀김샐러드 176
온 채소 간단 샐러드 092
온 채소 닭가슴살샐러드 198
요구르트 오이샐러드 250
월도프샐러드 138
유자청 과일채샐러드 154
유자청 봄동샐러드 255
유채나물 돼지등심스테이크샐러드 218
육회샐러드 214
이탈리안 믹스 샐러드 090
일본풍 메밀국수샐러드 240

ㅈ

잡채 246
잣 드레싱 너덕샐러드 252
쟁반국수샐러드 242
적양배추 온 샐러드 068
조갯살 냉이샐러드 270
중국풍 수육샐러드 220

ㅊ

참깨 드레싱 양배추샐러드 064
참나물을 올린 마 참치샐러드 172
찹 샐러드 098
초고추장 청경채샐러드 272
치즈를 얹은 사과샐러드 132

ㅋ

케이준 치킨샐러드 196
케이퍼에 재운 연어샐러드 162
콜리플라워 브로콜리샐러드 070

ㅌ

태국식 스파이시 새우 온 샐러드 178
토르티야에 싸 먹는 살사 과카몰레 146
토마토 안초비 드레싱 로메인샐러드 060
토마토 카프레제 094

ㅍ

파 새싹샐러드 260
파슬리 드레싱 안심스테이크샐러드 208
파프리카 게살샐러드 180
풋마늘대와 볶은 차돌박이샐러드 212

ㅎ

해초 녹두당면샐러드 236
해파리냉채샐러드 188
홀렌다이즈 드레싱 수란샐러드 076

55°에서 만든
이지쿡 시리즈를 소개합니다

KIMCHI 김치

요리 초보라도 실패 없이 김치를 담글 수 있는 상세한 레시피와 친절한 사진으로 김치의 기본을 알려주는 입문서. 배추와 무로 담그는 김치부터 파, 갓, 부추, 오이 등으로 담그는 특별한 김치까지 우리가 즐겨 먹는 레시피를 선별하고, 고춧가루, 젓갈 같은 기본 재료에 관한 정보도 꼼꼼하게 수록되어 있다.

저자 문인영 | **페이지** 152쪽 | **발행** 2013년 11월 13일 | **값** 14,800원 | **ISBN** 9791185330037

PICKLE 피클

서양요리와 잘 어울리고, 밥반찬으로도 사랑받는 건강한 저장식품 피클! 배추, 양파, 당근, 무, 아스파라거스, 비트, 연근, 파프리카 등으로 만드는 개운한 채소 피클과 배, 레몬, 청포도, 달걀 등으로 만드는 색다른 피클, 이를 활용한 요리법, 건강한 컬러푸드 정보까지 빼곡하다.

저자 김수경 | **페이지** 200쪽 | **발행** 2014년 1월 13일 | **값** 14,800원 | **ISBN** 9791185330068

SANDWICH 샌드위치

주재료인 빵, 채소, 육류, 육가공제품, 치즈, 해산물, 피클, 스프레드와 소스에 대한 자세한 설명과 홈메이드 스프레드와 소스 만드는 법, 인기 샌드위치 Best 5 레시피, 언제 먹어도 맛있는 콜드 샌드위치, 요리처럼 즐기는 따뜻한 샌드위치, 심플하고 편리한 포장 아이디어와 남는 빵 활용법까지 수록.

저자 박선희 | **페이지** 208쪽 | **발행** 2013년 5월 22일 | **값** 14,800원 | **ISBN** 9791185330082

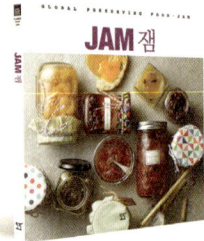

JAM 잼

싱싱한 제철 과일을 비롯해 사계절 풍성한 채소와 홍차·우유·커피처럼 특별한 재료로 만드는 다양한 잼 레시피를 한 권에 모았다. 콤포트·시럽·스프레드 만드는 법과 완성된 잼을 소스·드레싱·토핑으로 활용한 요리, 선물로 손색없는 잼 포장법까지 모두 수록되어 있다.

저자 김수경 | **페이지** 216쪽 | **발행** 2014년 7월 1일 | **값** 14,800원 | **ISBN** 9791185330099

JUICE주스

채소와 과일로 크게 분류한 주재료에 맛과 영양을 업그레이드 시켜줄 여러 가지 재료를 혼합해 만든 쉽고 건강한 100가지 주스! 100개의 레시피마다 생활에 도움이 되는 영양과 건강 정보를 덧붙이고, 홈메이드 주스를 활용해 만드는 다양한 요리법까지 소개한다.

저자 김상영 | **페이지** 208쪽 | **발행** 2014년 7월 31일 | **값** 14,800원 | **ISBN** 9791185330105

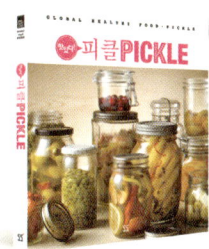

맛있다! 피클PICKLE

기존의 〈피클PICKLE〉보다 31종의 피클이 추가되고 활용레시피가 더욱 강화되었다. 배추, 양파, 당근, 무, 아스파라거스, 비트, 연근, 파프리카 등으로 만드는 개운한 채소 피클과 배, 레몬, 청포도 등으로 만드는 상큼한 과일 피클, 달걀, 새우, 연어, 두부 등으로 만드는 특별한 피클과 건강한 컬러푸드 정보까지 빼곡하다.

저자 김수경 | **페이지** 312쪽 | **발행** 2015년 2월 20일 | **값** 18,000원 | **ISBN** 9791185330198

양념&소스

어머니가 차려 주시는 정성 가득한 밥상을 떠올리며 간단한 요리라도 직접 만들어 보려 하지만, 어떻게 맛을 낼지 막막했던 경험이 있다면 이 책을 주목해 보자. 직접 만들어 더 건강하고 맛있는 만능양념 10가지와 홈메이드소스 8가지, 이를 이용한 한식은 물론 중식, 일식, 양식 요리까지 다양한 요리 레시피를 소개한다.

저자 김상영 | **페이지** 260쪽 | **발행** 2015년 5월 20일 | **값** 14,800원 | **ISBN** 9791185330228

콩·두부

콩은 그 자체로도 훌륭한 식재료지만 가공 과정을 거치면 콩국, 두유, 비지, 두부, 두부피, 유부 등 색다른 모양과 식감을 지닌 식품으로 재탄생한다. 이런 콩과 두부를 활용한 한식 요리와 세계의 이색적인 일품요리, 퓨전요리, 디저트 레시피를 소개한다. 세계적인 관심을 받는 수퍼푸드인 콩과 두부로 만든 특별하고 색다른 요리가 궁금하다면 이 책을 펼쳐 보자!

저자 김외순 | **페이지** 320쪽 | **발행** 2015년 10월 5일 | **값** 16,800원 | **ISBN** 9791185330273

SOUP수프

고기, 해산물, 채소, 곡물 등을 여러 가지 조합으로 섞어 만든 수프 한 그릇이면 다양한 영양소를 골고루 섭취할 수 있고 소화기관을 자극하지 않아 영양식이나 야식으로도 좋다. 이 책은 크게 '스톡', '수프', '가니쉬' 파트로 나뉘며, 요리 단계별로 쉽게 따라할 수 있게 구성되었다. 또한 수프 활용 요리를 수록해 색다른 요리로 응용할 수 있는 팁을 제시한다.

저자 김수경 | **페이지** 244쪽 | **발행** 2015년 12월 7일 | **값** 14,800원 | **ISBN** 9791185330303

All about SALAD & DRESSING

맛있다 샐러드

초판 1쇄 발행 2013년 5월 22일
발행 3쇄 발행 2016년 2월 26일

지은이 김상영

발행인 이웅현
발행처 (주)도서출판 도도

전무 최명희
편집부 박주희
디자인부 김진희
홍보·마케팅 이인택

기획 최승주
구성·진행 조윤희
디자인 이윤임 Design I'm
사진 문덕관 Lamp studio
사진 어시스트 민기원, 홍하얀
스타일링 김상영, 강신혜 noda+ 쿠킹스튜디오
스타일링 어시스트 조원희, 이문주

출판등록 제 300-2012-212호
주소 서울 중구 충무로 29 아시아미디어타워 503호
전자우편 dodo7788@hanmail.net
내용 및 판매문의 02-739-7656~9

ⓒ 김상영 2013

ISBN 979-11-950335-0-8 13590

잘못된 책은 구입하신 곳에서 바꾸어 드립니다. 이 책에 실린 글과 사진은 저작권법에 의해 보호되고 있으므로 무단 전제와 복제를 일절 금합니다.

이 도서의 국립중앙도서관 출판예정도서목록(CIP)은 서지정보유통지원시스템 홈페이지(http://seoji.nl.go.kr)와 국가자료공동목록시스템(http://www.nl.go.kr/kolisnet)에서 이용하실 수 있습니다.(CIP제어번호: CIP2016003773)